みんな、
本当はおひとりさま

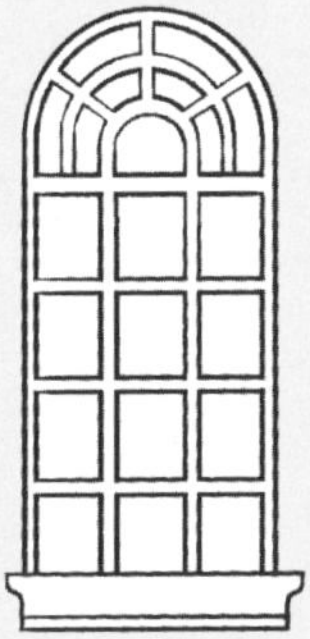

久本雅美
Masami Hisamoto

幻冬舎

みんな、本当はおひとりさま

はじめに

60代に突入して3年が経《た》ちました。

これまでを振り返ると、決して、ひとりの人生を送ろうと決め込んで生きてきたわけではないんです。若い頃は、その先に結婚が見えるような恋愛も1つや2つ……。けれど、結婚が現実に近づくと、やっぱり仕事のほうが面白いと思っちゃう。そうして、結婚への確かな覚悟がないまま、気づいたらひとりだった、というのが今の私の正直な気持ちです。

だからといって、寂しいわけでも、不幸せでもない。それどころか、自分の人生に後悔は1ミリだってないと、胸を張れます。

世の中には、結婚をしていない、子供もいないと、悩んでいる人は多いんじゃないでしょうか。でも、結婚していても、子供がいても、みんなひとりで頑張っている。本当は、みんな、「おひとりさま」。誰もが、同じように孤独を抱えながら生きているんじゃないでしょうか。

既婚者でも独身でも、人生を切り拓いていくのは自分にしかできないこと。旦那さんだったり、家族だったり、友人だったり、今は亡き人だったり……支えてくれる人に感謝しながらも、自分の人生を歩くのは、自分自身ですから。

私のモットーは、いつか休む日が来るまで誠実に生き抜くこと。そんな私の生き方を語ったこの本が、選択肢が多いからこそ悩ましい、現代の女性のお役に少しでも立てるとしたら嬉しいです。

結婚に憧れると言いながら、ひとりで生きる気楽さにどっぷりと浸かって、抜け出すのが惜しいし、寂しい。でも、愛するパートナーと一緒にいたい……。

そんな矛盾ばかりの私ですが、「わかる、わかる〜」と、そこは笑って許してもらえると、これ幸いです！

contents

第2章　ひとり身には「恋愛＝希望」 039

第３章　ひとりだから「仕事に全力投球」　073

第4章 ひとりにしみる「家族のありがたみ」 107

第6章　ひとりで生き抜く「心の作り方」　149

第1章

ひとり暮らしの「自由と責任」

マイペースなおうち時間

ひとり暮らしのよさを聞かれたら、なんと言っても自由！　この一言に尽きるよね。好きなときに寝て、好きなときに起きて、好きなときにご飯を食べて……。いつか結婚できる日を夢見ながらも、自分だけのペース、そして私の生活スタイルを崩されたくないという気持ちが心のどこかにずっとあります。

仕事から疲れて帰って、家事のことを考える必要もありません。何も考えないでぼーっと恋愛ドラマを観て、「今日はシャンパン開けちゃおうかな」と冷蔵庫を開けている瞬間って、これこそひとり暮らしの醍醐味だなって思いますもん。

ひとりだったら、お酒の肴に「ザ・おつまみ」みたいなものを作らないで、柿ピーでもいいし、明太子をそのまま食べるんだっていい。お豆腐に鰹節とお醤油をぶっかけて食べたっていいですからね。そんな簡単おつまみが、手のこんだ料理より妙においしかったりするんだよね。

「あー、こういうのって、誰かいたら、気を遣っちゃってできないことなんだろうな」って思うと、この誰にも気兼ねしないでいられる空間を失いたくないなーって。自由と引き換えに得られる幸せが果たしてあるのかと自問せずにはいられない。こんなんだから、ますます結婚が遠のいていくんだろうね。今現在は、自由を侵害されるようなお相手の心配もありませんが……。

料理は超ゆるゆるお気楽サイクル

料理を作って待ってくれている人がいるっていいなぁ。そんな憧れがあります。だけど、ひとりはひとりで、なんにも気にせず、好きなものを作って食べる気楽さがありますよね。私は、全く自炊をしないというわけではないんですが、まあ〜面倒くさがり！　なので、まめに凝った料理、作ってないね〜。毎日食べたいものが違うから、作り置きをする気分でもないし、そんな気力もないし……。かといって、料理をしている時間がストレス解消になるわけでもないので、自分のために作るときには、どうしても炒めたり、炒めたり、炒めたり……と、手っ取り早くできる同じようなメニューになっちゃいますね（笑）。

「よし、キャベツとしめじと卵があるから炒めちゃおう！」と作った翌日、冷蔵庫をのぞいて、キャベツとしめじと卵が残っている。「よし、……じゃあ炒めてしまおう！」となってしまう（笑）。炒め、炒め、時々鍋みたいな感じのゆる〜いお気楽サイクルです。同じ食材を使い回して「あー、食材がなくなった」となったら、また買い物に行く。そんな肩の力の抜けた自炊なので、主婦の方はえらいな〜と本当に思う！　私にはできそうもないから、料理のできる男性、いつでも嫁に来て〜♡

〝ひとりでできるもん〟が増えていく

実は恋人いるんでしょ？　なんて聞かれることがあるんですが、50代になってからはマジでゼロ！　恋する気力もなくって、ドラマの中の竹野内豊さんや高橋一生さんの美しい顔を見てときめきをもらえるから、これでもういっかな〜という心境です。ドラマを観ているときの顔はめちゃめちゃニタニタしていて、傍《はた》から見たら結構気持ち悪いと思う。

そういう意味では、ひとり暮らしの気楽さが板についちゃうと、爽やかな朝、一番に目に入るのが、口を開けてよだれを垂らしていびきをかいているおっさんの顔……。想像しただけで、無理かもー。向こうも、私の顔にドン引きしちゃうだろうけど。あはは。例外として、竹野内豊さんや高橋一生さんくらいのイケメンだったら、もはやウェルカム♡

いや、かえって心臓に悪いかもしれない……。

もちろん、女のひとり暮らしだと、たまに面倒なこともあります。ひとり暮らし経験のある女性はわかると思うんだけど、電球が切れたり、家電の接続が面倒だったり。あと、虫ね！　発見してそのままにしておくと、次にどこから出てくるかわからないから、昔はそれが怖くて泣く泣く眠れない夜を過ごしたこともありました。だけど今となっては見つけたら即、中性洗剤を動かなくなるまでじゅーっとかけ続ける。相手の動きを読みながら先回りしてティッシュでさっと捕まえる。私のこの動き、めちゃくちゃ素早いよ～。

結局さ、誰も代わりにやってくれる人がいないから、自分で戦うしかないんだよね。背中が痛いときだってシップを貼ってくれる人がいない。だから床にシップを置いて、その上にドーンと寝っ転がって貼る方法を編み出しました！

そんな風にどんどんたくましくなる一方で、この間ひさびさに、どうしてもひとりではできないことにぶち当たりました。

家で飲みたくなったのでコンビニでワインを買ってきたら、私、握力がないから全然開かないの！　結構長い時間、格闘したんだけど、結局コルクを引き上げられず、ワインオープナーが中途半端に刺さったまま。今も冷蔵庫に鎮座しています……。

あるとき、ふたが開けられない瓶が家に何個かあることを劇団員に話したら、私の誕生日の際に、瓶オープナーをぶわーって、大量にプレゼントされました。でたー、完全なるイジり！　でも、「コノヤロー！　こんなにいらねえだろー」とブツブツ言いながらも、思わず笑っちゃいました。ネタにもなるし、ひとり暮らしの切ない思い出が楽しく塗り替えられたから、かえってよかったなと。

きっとこんな風に都合よく納得しているからこそ、ダメなんでしょうね。でも、しみついたひとり暮らしの心地よさ、わかってもらえる人にはわかってもらえるんじゃないでしょうか？

何にも勝る癒しの時間

世の中がコロナ禍になり、私の生活も変わりました。

それまでは、気の合う友達や劇団仲間とおいしいものを食べて、ワイワイするのが夜の楽しみでした。それが外食に行かなくなったら、「帰ったら、今日はあのドラマ観よー」と、好きなドラマを観ながらぼーっとしている時間が、何にも勝る癒しの時間に。誰にも邪魔されずにドラマに没頭できるのは、シングル女性ならではの特権ですよね！

ジャンルは、もちろん恋愛ドラマ！　２０２０年に日本でも大ヒットした韓国ドラマ『愛の不時着』はご覧になりました？　そうそう、パラグライダー中の事故で、北朝鮮に不時着してしまった韓国人の財閥の令嬢と、北朝鮮の将校の恋愛物語です。私も観始めたら止まらず、即身仏のように飲まず食わずで、姿勢もまさにあのまま、一気見してしまいました！

韓国ドラマって、兄弟疑惑に記憶喪失、交通事故……のオンパレード。既視感も大ありですが、「どうなるんだろう、ふたりは……」と、先が気になって仕方ないんだよね！　一度観ちゃうとどハマりしちゃって睡眠不足になるから、なるべく韓流には手を出さないようにしていたのに、まんまとやっちまいました！

かつて、お笑いタレントの女性の先輩が、「帰ったら、心を落ち着かせるためにドラマを観る」とおっしゃっていました。若い頃は、ドラマよりもバラエティのほうが刺激を受けるし、感覚を研ぎ澄まされる、ドラマにハマるってなんでだろ？　と思っていたけど、今は私もドラマを観ているほうがリフレッシュできるし、心が落ち着くという先輩の言葉の意味がわかるように。年をとるとバラエティのテンポについていく体力も減少し、家に帰ったら、ただただドラマの世界に浸れる時間が気分転換になるしね。実際、ドラマは面白い。

ドラマを観るときは、98％視聴者目線。福山雅治さんの格好よさにニンマリしたり、松坂桃李くんにときめいたり……。単純に幸せなんです♡　とはいえ、「この人、お芝居上手だな」とか「ああやって振り向くんだ」「この表現伝わるな～」とか、この職業ならではの見方をしていることも。一応言っておきますが、私「女優」でもあるんですよ。忘れないでね!!

「視聴者目線とかそんなこと言っている場合か！　お前が出ろよ！」と渋谷あたり（ワハハ本舗の事務所所在地）から聞こえてきそうですが……。今夜もドラマに没入するぞ～！

結局、ちょこんとしたスペースがお好き

私が今住んでいるのは、ひとり身にしちゃ広めの４ＬＤＫの賃貸マンション。でも、一番リラックスできる居心地のいい場所といえば、ベッドの上！　そこで何をするかといえば、ストレッチをしたり、テレビを観たり。これが至福のときなんです！

もともとお風呂で観るために買ったポータブルの防水テレビを、お風呂から上がった後も持ち歩き、寝室のタンスの上に置いてテレビを観ながらストレッチ。それからサイドテーブルにテレビを置いて、またまたストレッチ。それがいつのまにか寝る前のルーティンに。

リビングにちゃんとしたテレビがあるのに、「私、なんでこんなちっちゃなテレビを観ているんだろう？」と自分でも思うことがあるし、「寝室用にテレビ買ったら」と、周りからツッコまれることも。でも、このこぢんまりとしたテレビを持ち歩くスタイルが気に入っているんだよなぁ。

結局、ちょこんとベッドの上ばかりにいる。広いスペースは落ち着かない、そんな性分です。

我が城に輝く草間彌生さんのインテリア

マンションで賃貸とはいえ、家は最もくつろげる私の城。好きなものに、一年中囲まれて暮らしたいから、インテリアや小物などを選ぶときには私好みの「かわいい」「ステキ」が絶対に外せない基準です。

なかでも私が10年ほど前からコレクションしているのが、大好きな草間彌生さんの食器や小物や絵画等々。絵画は、玄関とリビング、寝室に飾っています。

40代後半ぐらいにたまたま草間さんの作品を初めて目にして、草間ワールドの魅力に「ステキ！」と衝撃を受けました。以来、同じく草間さん好きのスタイリストさんなどと情報交換しながら、アトリエでの展示会や美術館の展覧会などに行き、少しずつ買い集めていきました。

純粋に気に入って初めて買った絵画が当時の倍近くの価格になっているから、ビックリ！　そのせいか、画商さんから「もし手放したくなったら、ください」「ちゃんと保管されていますか？」と言われることも。ただ、私の場合は、草間さんの世界観が好きで、資産価値を高めるために保管しようなんて思ったことがない。マニアの方からすると、

「何やってんだ！」と首を絞められそうですが、いつでも目に触れるところに置いておいて、心行くまで眺めています。

資産価値を気にするより、純粋に心が癒されたり、ときめいたり、テンションが上がったりするものに囲まれているほうが、私にとってはずっと豊かな暮らし。今日も草間さんの絵からパワーをいただいています！

好きなものだけ身につけてハッピーに！

インテリアもそうだけど、ファッションも、いつだって自分の好きなものを身につけていたい！　家の中でも部屋着やパジャマに気を抜きたくありません。選ぶ基準は、自分にとって着心地がよくて、心がキュンとする、「ザ・かわいいもの」。ちなみにパジャマは無印良品のチェックやストライプ、水玉柄などです。

ささやかかもしれないけど、好きなものに、四六時中身を包まれることって、ハッピーですよね。

自分をかわいくすることで満たされる気持ちって、大切だと思う。だって、自分で自分を愛さないと、誰が愛してくれるんだろうっていうね……。愛されタンクに自分で水を注いであげないとね。

自分を愛するという意味でも、ビックリするほどタンクがカラカラなのよ～！

シングル女性の方、今夜から試しにお気に入りのパジャマを身につけて、眠ってみませんか？

寝るときはノーパンが一番！

下着もさ、自分の好きなようにしたいじゃん。っていうか、告白すると実は私、寝るときは〝ノーパン〟なんです！

突然の告白にびっくりした？　ごめんね～。私も初めて光浦靖子さんから勧められたときには、「嘘やん！」って思いましたよ。ノーパンで眠るなんて、なんだか心もとないなぁと。

皆さんの中には「ノーパン健康法」って、聞いたことある人もいるかもしれないけれど、質のよい睡眠をとるためには、体への締めつけがないほうがいいのだとか。リラックスできるだけでなく、血行が促進され、むくみ対策にもなり、痩せやすい状態にもなるそうです。

健康志向で勧められたら何でも一度は試してみる私。15年ほど前、半信半疑ではあったけど、言われるままにノーパンで寝てみたんです。すると、解放感があってとても気持ちがいい。今では、パンツの締めつけがすっかりダメになっちゃった。

えっ？　あそこをむき出しのまま寝ているのかって？　そりゃ変態じゃないんだから、パジャマを着てますよ！　しかも腹巻をしてレッグウォーマーも。温めてんだか、冷やしてんだか、解放してんだか、締めつけてんだか。あはは。

体にいいと言っても、こんな格好では好きな人とは一緒に寝られない、と思っているあなた。健康をとるか、女心をとるか。勇気と興味のある方は、ぜひ一度お試しあれ！

ブランドものは頑張った証《あかし》

劇団員になったばかりの頃は、憧れのコム・デ・ギャルソンの店に足を踏み入れることにすら勇気を振り絞ったもんです。超かわいいし、超おしゃれだし、超欲しい！　けど値札を見て「高っ！」って……。店内を一周して顔を真っ赤にしながらひとりで興奮して、「いつかこんな素敵なギャルソンを買えるようになったらいいなぁ」と思っていました。今は、生意気にも店員さんとも仲良くさせていただいていて、あの頃の私が知ったら、「うっそ〜」ってびっくりするだろうなぁ。

仕事のご褒美だと思ってブランドものも買うようになりましたが、こんな風にお金を使えるようになったのは、もちろんお仕事があるおかげ。これは本当にとってもありがたいこと。ほんまに感謝です！

昔に比べると贅沢な感覚になったもんだと思う一方で、ご褒美に大きな買い物をすると、中流家庭で育ったからか「すごい贅沢しちゃった。これからは、しばらくガマン！」と自分に言い聞かせている。きっとこれからも、根っ子の庶民感覚は変わらないんだろうな。

物欲の果てに来るもの

シングルだからこそ、好きなものを買って自分を愛でて、という生活を送ってきたけど、年を重ねると不思議なもので、昔あれほどあった物欲もだんだんと減ってきました。

少し前までは、シーズンごとにブランドの新作をチェックしていたのに、今は見るだけでテンションが上がって終わりということも。もちろん今でも「夏だから買わなきゃ」「秋が来たな、そろそろ買い物だ！」って、気に入ったものは買っちゃったりしますが、買う前に、「本当に欲しいのか？」ってちょっと立ち止まる感覚も芽生えてきたみたい。

いっぱい洋服があるにもかかわらず「どれだけ買ったんだ！」と自分でツッコむほど買ってしまったのに、次の年になると「やだ、着るものがないー、新しいのが欲しい」って心境になるのって、なぜなんだろうね。女性の悪いクセというか、あるあるですよね。私も全く同じです。

そんな感じでこの年まで来てしまったけど、よくよく考えると、袖を通していない服や使っていないバッグがある。それに気づいたときに、「私、あと何年生きるんだろう」って考えてしまった。生きている間に持っているものを使わなきゃ、着なきゃもったいないと思うようになったんです。新しいものが欲しくなっても、あれもこれもというより、「すっごくかわいいけど、どうせ買っても着ないな」と思って、諦めることも覚えてきました。理性が働くようになってきたのかな。また、記憶を辿《たど》り、「そういえば、あんなバッグ持っていたな」と探しては、「そうそう、今日はこれを使おう」というようなこともしています。これは60代になった私の大きな変化かもしれないな。

さすがに「これ着たら若作りしすぎだろう」「若すぎて着れないな」みたいなものは劇団の若い子たちにあげちゃいます。そうでなければ、まだあんまり使ってないものを使っていきたいなと。ブランドの力ってすごくって、一度「かわいい！」と思って買ったものって何年経ってもかわいいと思えるんですね。ずっと着ていなかった服を着てみて「おっ、イケるじゃん」って、最近ではそんな新鮮な感覚を楽しんでいます。

もうひとつの変化は、これまた、あと何年生きられるかということに関わってくるんだけど、用途に合わせてちゃんとおしゃれをしようという意識になったこと。忙しいとどうしても「これでいいか」と服装がテキトーになりがち。朝早い仕事だったり、舞台の稽古が続いたりすると、ジャージで行ったりする。でも、かわいいジャージを着てコーディネートを楽しんだりと、日頃からおしゃれするようになりました。

少しかしこまった優等生ファッションでも、自分らしく楽しむことは絶対条件！　ＴＰＯを押さえつつも「かわいい」とか「面白い」とか、自分の個性をどこかにさりげなく盛り込むのが私流。それこそ大人だからできるおしゃれかなと。この心意気はこれからもずっと忘れたくないな！

〝部屋はきれいに〟が基本

家に帰ったときに散らかっていると気分がよくないから、部屋はいつでもきれいにするのが私のデフォルト。ひとり暮らしなのでそんなに散らかることもないけれど、なるべく汚さないように生活しています。こんな風になったのって、いつからだろう？

20代で妹と一緒に生活していた頃は、部屋はびっくりするほど荒れていました。劇団の稽古で帰りは遅くなるし、寝るのがもったいないと思うほど目一杯遊んでいたし、実際、家にいる時間は全然なかった。たまに早く帰っても、舞台のアイデアを練ったり、芝居の資料や本を読んだり……一日があっという間に過ぎてしまう。そんな生活のなかで、片付けるのはいつも後回しになって、ベッドの上に脱いだ服があっても、洗濯物が溜まっていてもへっちゃらだった。

それが年を重ねるごとに、やっぱり「きれいなほうが居心地がいいな」って思うようになったんですね。今はきれいな空間を保てています。

だから、長期の旅行から帰ってきても、トランクの中身もできる限り、その日のうちに荷解《にほど》きします。どんなに疲れていて「今日はダメだな」と思っても、洗濯物だけは出して洗濯する。翌日にはトランクからすべての荷物を出して、サッと片付けてしまいます。元来せっかちなので、「片付けなきゃな〜」と思いながらダラダラしていられないし、片付けなきゃと思っている時間がなによりももったいない。

ひとりといえど、きれいな部屋にいると穏やかで健やかな気持ちになれる。小さいことかもしれないけれど、日々の自分を作るのって、意外と小さな積み重ねかもしれないなぁ。

ペットを飼わないのも、また良し

ペットがきっかけで結婚する人もいる時代。だけど、未だにシングル女性がペットを飼い始めたら「最後（結婚を諦めた）」とよく言われるよね。実際、大久保佳代子さんが犬を飼い始めたときに「あぁ、ついに手出したかー」ってやっぱり思っちゃった（笑）。でも、大久保さんの幸せそうな話を聞いていると、癒されているんだろうな〜、幸せな時間があるんだろうな〜と、羨ましくも思います。

犬派か猫派かと問われたら、私も断然犬派！　昔から大好きなんですよ〜。「母性の行き場に困る〜」なんてギャグをかましている私は人からペットの話を聞くと、母性スイッチが入って、私もやっぱりペット飼おうかなと、チラッと頭をかすめることがあります。

だけど舞台をやっていると地方公演があったりして、家にいない日々が続いたりするから、ちゃんと面倒を見られる自信もない。一緒に面倒を見てくれる家族やパートナーがいればいいけど、ひとりだとそんなわけにもいかず。それに、ずっとそばにいたくて、外にあんまり出なくなっちゃうかもしれない。だから、どんなに飼いたくても、アカンアカンとこれまでペットを飼うのを禁じてきたんです。

子供の頃は、犬にセキセイインコ、ハムスターを飼っていて、もう、めちゃくちゃかわいがっていました。それだけに、亡くなったときのあの寂しさ、悲しさ……。ペットは家族だもの。ひとりで受け止めきれないかも。それもストッパーになっているのかもしれません。

それにやっぱり、「仕事が終わって今日はちょっと軽く飲んで帰りたいなぁ」「あの人どうしているかな、元気かな？　会いに行ってみよう」と思ったら、すぐに動けるようにしておきたいというのが、私の信条。フットワーク軽く、何かあったときに、即「ＯＫ！」と言える自分でいたいわけです。だから、スイッチが入っても、やっぱりいっかと思って、この年までできました。

たぶん、今のところペットを飼う予定はなさそうだから、この母性の行き場、誰か受け止めて〜〜！

中年のひとり身は、体づくりに大忙し！

若い頃は仲間とお酒を飲み始めると、１升、２升を空けるのは当たり前。めちゃくちゃな生活でも、元気をキープできて、全然怖いもんナシでした。

でも、40代後半になった頃から少しずつ意識が変わり、50代に入ると待ったなし。人間の体って、50年間生きたら、それだけいろんなところを使っているわけですよね。心臓も胃も腸も、それこそ肝臓も、まだ20年そこそこしか使っていない体と50年使っている体とでは、違いが大きくなるのは当然だよね。

もう60年も生きているとゴールが見えかけていて、あそこまで走り続けられるかと不安も危機感も募ってくる。だからこそ、生涯現役でいられるためにコツコツと自分の体と向き合っていくのも、大事な仕事のひとつです。アントニオ猪木さんじゃないけど、「元気があれば何でもできる」って、まさにそのとおりだよね。

体と向き合うと言っても、私の場合、美容についてはほとんどお手入れなし。よくヘアメイクさんから「親に感謝だね」と言われるけれど、肌と戸籍がきれいなことにかけては、ちょっと自信があるんだ♡　っていうか、面倒くさがりなので、美容のためのケアが続いたためしがない。あれがいいよと聞くと「そうなんだ、やってみる！」、これがいいと聞けば「うわ、絶対にやるやる」と、そのときは本当に取り入れてみようと思うし、もうやる気満々なんだけど、どれもこれも見事に三日坊主で終わってしまう。ひどいでしょ。

だから、アンチエイジングは主に体が中心。だいたい週1のペースで、パーソナルトレーナーについて筋トレを続けています。過激なものではなく、怪我をしない体を作るのが最大の目的。加えて、体の歪みをとったり、凝り固まった筋肉をほぐしてもらったりするために、週に一度の整体サロン通いも欠かせません。すべては、舞台上で立ったり座ったり、歩いたり踊ったりするため。最低限の体力と筋力を維持していきたいと必死です。

そしてもうひとつ、声の衰えを感じて50歳を過ぎてから始めたのが、ボイストレーニング。舞台の仕事を続けるためには、声を維持していくことは不可欠ですからね。

日常生活でできることといえば、50代後半からサプリメントをがっつり飲んでいます。ビタミン、カルシウム、整腸剤、野菜不足を補うもの、栄養補給のためのプロテイン……常時5種類以上は服用。それに、女性の体にとって冷えは大敵なので、朝起きたら白湯《さゆ》を飲んで、日中はなるべく冷たいものは口にしないようにもなりました。足首にはレッグウォーマーをつけて、夏場もかわいい腹巻を常に身につけています。

昔は、「ばあちゃんたち、忙しい忙しいと言っているけど、なんでだろう？」と完全に他人事でした。でも、この年になると、年を重ねれば重ねるほどお金と時間がかかるもんだなぁと、いやでも実感しちゃう。ちょっと時間が空いたら、病院行って、白髪染めて、整体行ってで、それはそれは忙しい！　もともと面倒くさがりなので、「あ〜行くのだるいな〜」って思うこともありますよ。でも、これも長く仕事を続けていくため！　と自分に活を入れて頑張っています!!

第２章

ひとり身には「恋愛＝希望」

独身に1ミリの後悔もナシ

どうして結婚しないんですか？　って聞かれれば、「そりゃ、プロポーズされないから」と答えるしかないよね。あはは。でも、一番問題なのは、そもそも結婚をする覚悟ができていないことかなっていうのが、自分なりの分析です。

私は、基本的には真面目な性格で、恋愛に関してもやっぱり超真面目。恋愛する以上、最終的なゴールは結婚という図式も常に頭にあります。今までお付き合いした人とは、どの時代、どの年頃であっても、真剣なお付き合いをしてきました。

ただ、20代、30代、そして40代も、真面目に恋愛をしながら、ふたりの関係が進んで「こりゃ、もしかしたら」というときが来ても、どうしても結婚に踏み切れなかった。「いやいやいや、今やっている仕事のほうが面白いでしょ」と、迷うことなく仕事欲を選んできたんです。もっと面白くなりたい、もっと実力をつけて認められたい、もっと大きくなりたいと。その決断に後悔はないから、これまでの人生に後悔が全くない。「あのとき、結婚を決断していたら……」っていうような悔いが1ミリもないんです。

もちろん好きな人に「好きだ」って言われたら、めっちゃくちゃ嬉しい。もともと恋愛体質で、好きになったら「あれもしてあげたい」「これもしてあげたい」というタイプ。だけど尽くしすぎて疲れて、それが大好きな仕事に影響を及ぼすぐらいなら、すっぱりと仕事を選んじゃう。ここまで読むと、アンタ、ほんまに結婚する気あんのか？ って言いたくなっちゃうよね。

一方、結婚する人、できる人って、結婚への向き合い方にちゃんと覚悟があるんだなと思う。周りの女の子を見ていても、この子は結婚が早いだろうなって子はなんとなくわかりません？ 料理上手だったり、振る舞い上手だったり。家庭的な匂いがする人は、すぐに結婚できるんだろうなってわかるでしょ。片や、私は家庭的な匂いがゼロだと自覚しています……。ちーん。かといって、突然「えっ？ あの人が結婚!?」っていう人もいるし。こればっかりは出会いだって言われるけど、いずれにせよ「結婚しよう！」って自分で決めるわけだし。

じゃあ、私は結婚したいかって聞かれたら、人一倍憧れはあるのに「絶対にしたいです」「絶対にします！」とは言い切れない。これはやっぱり結婚への覚悟がまだ足りていないということでしょうね……。

同棲の経験は一度もない

過去に妹や女友達と一緒に暮らしたことはあるけれど、結婚はもちろん同棲の経験もないから、男性とふたりで暮らしたことが今まで一度もないんです。一つ屋根の下に、同性や身内と住むのと、男女が一緒に住むのとは、明らかに違うはず。それはわかるけれど、じゃあ実際にどんなことが起こるのか……。想像の域を出ませんねぇ。

どこまで行っても平行線であるはずの男性脳と女性脳。その相反する脳を持つふたりが共に暮らすとどういう化学反応が起こるんだろう。自分のどの部分をどう突かれて、どう変わるのか、それとも変わらないのか。未知なる世界に興味があるし、一度は体験してみたいと思います。

女性司会者の先駆者で尊敬する芳村真理さんと対談させていただいたときに、「籍は入れなくてもいいから、そろそろ試してみてもいいんじゃない」と、勧められました。ひとりでは得難いことがいっぱいあるし、男の人の考え方や生き方がものすごく刺激になるからと。確かにそうだなと納得しました。それに、「還暦を過ぎて結婚や同棲って、かっこいいわよ！　むしろ還暦だからこそ、パートナーのひとりやふたりいたっていいじゃない」とアドバイスをいただいて、すっかりその気になっちゃいました！

ひとり暮らしの楽しさ、気楽さもいいものです。だけど、多少のストレスはあっても、ふたりの時間の楽しさってそのことを差っ引いてもあまりある、絶対的なものがあるのかもしれないな。

ふたりでいることが自然で、とても居心地のよさそうな老夫婦なんかを見ていると、なおさらそう思う。ふたりで積み重ねて、培ってきた歴史を感じずにはいられないもんね。

おばあさんがご主人のことを「空気みたいな存在だから、いないとダメなのよ」と言えば、おじいさんも「お母さんがいなくなったら、僕はどうしていいかわからない」と返す。そういう長年一緒に歩いてきたふたりだからこそ滲み出る空気感を味わってみたいなぁ。

この先、結婚への覚悟ができるのかはわからないけれど、やっぱり憧れは捨てられないんですよねぇ〜。

わがままな人生のまま終わるのか

疲れて家に帰って、「お帰りー、ありものでご飯作っておいたよ。ビールも飲む？」なんて言われたら、めっちゃくちゃ結婚してよかった〜って思うんでしょうね。

でもその一方で、くたくたになって帰ったときに、誰かがいたら、「ゆっくりしたいのになぁ」と考えそうな自分もいます。

もともとせっかちだったんだけど、年をとって、自分でも呆れるほどさらにせっかち度が加速している今日この頃。この前なんて、トイレに入ったら、ことを済ませる前に拭いちゃいましたからね。早過ぎじゃないかって、思わず自分でツッコみました。ハハハ。そんな私が、相手のペースに合わせたいと思えるような人と出会ったら、それはもう革命みたいなもんだよね！

もしもこのままひとりでも、それはそれで面白おかしく生きていくんだろうなぁと容易に想像できます。24時間自分の好きなように時間を使えるのって、幸せなことだよね。今、私が死んだら100人が100人、「あの人よかったね。自分の好きなように生きて幸せだったじゃない」と、思うでしょ。

でも、このままひとりで生きていくと、人間としてわがままなまま終わっちゃう気がするんです。

昔からよく結婚生活は我慢だ、忍耐だって言うでしょ。一緒に住む、一緒に歩む、一緒に人生を作り上げていく人がいると、ストレスはあるでしょうが、相手を想い、相手に寄り添うことで自分の器をもっと大きくできるんじゃないかと思ったりします。私の殻を破って大きく広げることもできるんじゃないかな。そうすると、もっと人のことを想えたり、認めてあげられたり、人に優しくできたりするんじゃないかなって。

気楽に過ごすひとり暮らしは捨てがたい。でも、「私、わがままな人間になってない？」って、問いかける瞬間がある。これってひとりでいる限り、ずっと逃れられない葛藤なのでしょうね。

〝理想の男〟の絶対条件

先日、爆笑問題の太田くんとくりぃむしちゅーの上田くんの番組で「理想の男性」を聞かれて、私が「誠実で……」と語り始めると、ふたりとも腹を抱えて笑ったんですよ。「60歳過ぎて、誠実とか出す!?」って、ゲラゲラと。ひどくないですか？（笑）私としてはいたって真剣。だって、誠実さがなければ、相手のことを信用できないから何も始まらないじゃないですかぁ？　それに、「欲を言えば経済力だってほしい」と続けると、ふたりからは「久本さん、経済力なんてもういいじゃん！」と速攻ツッコミが。でも「お金で揉めたくないから」と言ったら「なるほどねー」ってやっと納得してくれました。

ただ実は、それだけじゃないんです。50代の頃、本を書くにあたって理想の男性像を数え上げたら、なんと47項目もあった……。自分でも引いたよ!!　さすがに60歳を過ぎた今は、もっと妥協できていると思うでしょ!?　全くそんなことありませ～ん。

私は今の世界で生き続けたいというのが根本にあるので、仕事に対する理解がないと当然ダメだし、「なんで帰りが遅いんだよ」とか「飯作ってくれよ」とか「洗濯物溜まっているよ」なんて言われたら、「お前がやれよ」って言い返したくなっちゃう、それが言えなくて頑張ってしまって、円形脱毛症になりかねないな。

誠実で情があって、思いやりもあって、経済力があって、価値観が似ていて、正義感がある、ユーモアがある、タバコを吸わない、英語ができる、借金がない、自立している、心身ともに健康、穏やかで大きな心で受け止めてくれる人で、いつも機嫌がよくて、一緒にいることによって前向きになれて、人生も仕事も切り拓いていける人……うおーーー！ 本気で挙げ始めたら、47どころか50項目を超えている!!

うーん、こんなことを言っているから、いつになっても理想の男性に出会えないんだと、頭ではわかっているんですけどね。とほほ……。

こちらまで幸せにする憧れの夫婦

ひとり身にとって、素敵な夫婦は結婚への憧れを強くさせる存在だよね。どんな夫婦でも内情まではわからないけれど、話を聞いているだけでつられてこちらも幸せになるような方々がいます。

ある日、女友達の家の前で井戸端会議をしていたら、そこに旦那さんが帰ってきて、友達の顔を見るなり「あれ、またきれいになったんじゃないの？」と言ったんです。この一言にはやられたね。一瞬、「えぇ？ 今、嫁に言う!? 私がいるのに」と、唖然！ でも、そんなふたりを見ているると、素敵な結婚生活を送っているんだなぁとしみじみとあったかい気持ちになりました。
もう一組、今、韓国ドラマにハマっている女友達のご夫婦も本当に素敵！　彼女は韓国の俳優、パク・ボゴムが大好きで追っかけをしているんですが、「あのロケ地に行きたい！」と言うと、旦那さんは海外の聖地巡りにも、何も言わずについてきてくれるんだそう。
羨ましくなるほど旦那さんから愛されている彼女に、「でも、そんなに一緒にいたら話すことなくなるんじゃない」と、ちょっといじわるな質問。すると、「例えば、ふたりの目の前に円があったとして、私たちはその円を見ているだけで1時間はしゃべれるの。話が尽きないんだよね」と、予想もしないような返事が返ってきました。はい、ご馳走さまです♡
びっくりするほど仲良しだよね。勝手にやっていてくださいって気もしますが、旦那さんの器の大きさや、愛されている彼女の魅力、お互いの信頼感も感じられて、そういう人が横にいてくれたら幸せなんだろうなぁと思いました。私の場合、ひとりで円の話で1時間持たせる自信はあるんですが……。呆れるほどのひとり上手です。

いいことがあったときほど、結婚したくなる

結婚したくなるときといえば、寂しいときというのが定番ですよね。心の中に秋風が吹くような物悲しいときには、私もやっぱり人恋しい。でも、よくよく考えてみると、私が本当に誰かにそばにいてほしいなぁと実感するのは、嬉しいときや楽しいときなのかも。ウキウキした気持ちを誰かとシェアしたいんです。悲しいときや寂しいときは自分との闘いみたいなところがあるけれど、嬉しいときの感情は分かち合えるとさらにハッピーになるじゃないですか。

では、シングルの私は嬉しいとき、どうしているのか。友達に聞いてもらうこともあるけれど、大体ひとりで自分に乾杯しています。そして時には妄想を膨らませます！

たとえば、仕事が上手《うま》くいったときに誰かに聞いてほしいなぁと思ったら、さっそくムクムクと理想の結婚生活が脳内でスタートします。

妄想の舞台は、窓が開いていてそこからそよそよと風が入ってくる、気持ちのいいリビング。そこに、旦那が新聞紙を敷いて、爪を切っている。私は仕事が気持ちよく終わって、「今日こういう仕事してきたんだ」って旦那にウキウキと報告している。でも、旦那から

は、爪を切るパチンパチンという音しか聞こえない。しびれを切らした私はこう言います。
私「ねえ、ちゃんと聞いてる？」
旦那「聞いてるよ〜」
私「ぜんぜん返事しないじゃん」
旦那「今日の仕事でこんなことがあったんだろう？」
私「なんだ、ちゃんと聞いてるじゃん！　それでね〜」
……お付き合いありがとうございました〜。妄想癖が筋金入りということ、よくわかっていただけたのではないでしょうか。
この妄想から何が言いたいのかというと、相手に何か特別なサプライズを求めているのではなく、日常のどこにでもある、でも愛おしい光景が、人生の1ピースとして入っていたらいいなって思うんです。言葉をたくさん発しなくても、わかり合っているふたりの雰囲気にあふれているでしょ。
こういう妄想を語り始めたら、もう私止まらない!!　お題さえいただいたら、口が勝手に動いて、延々しゃべり続けられる自信がありますからね。すべてが妄想だから、くだらないですけどね。

求めているのは「友達以上、家族未満」

心にふいに北風が吹くことはあっても、私は普段、ひとりでもそれほど寂しいと感じてはいないんだな。それは近くに住んでいる独身の妹や友達の存在が大きいんじゃないかと思います。特に妹とは、「ご飯行く?」「行く行く〜!」、「あの映画観たくない?」「観たかった! 行く〜」と、趣味もノリも相性バッチリ!

妹とは、大好きなドラマ談義を始めたら止まらないという共通項も。先日も、TBSドラマ『着飾る恋には理由があって』で盛り上がりました。横浜流星くんと川口春奈ちゃんなど4人の若い男女が一つ屋根の下で暮らすうちに恋を育んでいくラブストーリーなんですが、その部屋を提供するのが、夏川結衣さん。夏川さん演じる女性の元旦那さんが生瀬勝久くん。このふたりは離婚したんだけど、生瀬くんはもう一度やり直そうとずっとアプローチしている。でも、夏川さんはそれを拒否し続けているという関係。私たち姉妹はこの大人の恋の行方にも注目していました。

物語終盤で、生瀬くんが言うんですよ。「いつでも電話してくれ。僕は君の緊急事態を守る人間だから」と。それで結局、夏川さんがふと寂しくなって生瀬くんに電話するんです。それを優しく受け止める生瀬くん。最後はふたりとも「友達以上、家族未満」の関係を続けていくことを決めます（まだご覧になっていない方、ネタバレになってしまったら、ごめんなさい）。

この「友達以上、家族未満でいよう」というセリフを聞いたとき、私、膝を打った！　私が求めているのは、「まさにコレだ」って。今から恋をして、乙女チックな私が毎日のように彼に会いたくなって、会えなくて辛くなってという段階を踏むのは面倒。それをすっ飛ばした「友達以上、家族未満」の関係って、最高じゃん！　妹も「家族のような穏やかな関係性だったらいいよね」と大いに納得していました。ドラマに影響されやすい我々姉妹です。

理想が多い私だけど、これから一緒に人生を歩むのであれば、人としても男性としてもいい意味で淡々とした穏やかな人がいいなと思うんだよね。ついでにひとり暮らしの気楽さを失いたくないから、週末婚もいいなと。だから、〝週末家族未満〟こそが自分の求めるものなのかもしれない。もう、なんのこっちゃですね。

でも結局、朝起きたときに横に男の人がいるのがちょっと面倒かもと思い始めた私にとっては、「男友達と気ままに会うぐらいが、ちょうどいいのかもしれない」なんて感じで、独身女同士の会話は、とめどなく続いていく。結局、あーでもない、こーでもないって話しているのが好きなんでしょうね。気心の知れた姉妹や女友達と過ごす時間が、お互いに居心地がよすぎるのも問題なんだろうな。とほほ。

疑似恋愛くらいがちょうどいい

実は恋愛体質なんだって言ってきたけど、恋をするとマジで少女のように、いつもいつも好きな人のことを考えてしまうんです。いわゆる面倒な女になってしまうことがわかっているから、恋愛に飛び込むのを躊躇《ちゅうちょ》してしまう。「ビシッと仕事して、恋愛も大人らしくスマートに」というのとは程遠いんです。

昔、彼氏から会おうと電話で呼び出されて、駅でけなげに何時間も待ち続けたことがありました。女友達と一緒に暮らしていた頃で、「ちょっと行ってくるわ」と私が出ていったにもかかわらず、同居していた友達が数時間後に駅に行くと私がまだいる。「え、あんた何をしてるの？　まだ待っているの!?」と驚かれて、「うち、待つの好きやねん……」

って答えた切ない思い出です。だけどそれぐらい、好きになると一途《いちず》になってしまうんです。今はもう、好きな人を待ち続けるような体力、とてもじゃないけど絞り出せませんが。

そんな私にとっては、恋愛ドラマを観て疑似恋愛するくらいがちょうどいいのかもしれません。実際に恋愛をすると時間も労力もとられてしまう。でもドラマの世界にハマり込むだけなら、苦しむことがないし、仕事を脅かされることもない。まさにいいこと尽くめ！

最近は、1クールに3つや4つのドラマを掛け持ちするのも当たり前。それぞれのドラマの世界にどっぷりと浸ります。もう感情移入が激しくて、自分でもコントロール不能なぐらい感情が大忙しです。

先日もＴＢＳのドラマ『リコカツ』に、どハマり。このドラマは、自衛官の永山瑛太くんと編集者の北川景子ちゃんが、一度は離婚しながらもお互いへの愛情に気づいていくという物語。ふたりとも相手のことが大好きなのに、意地を張ってなかなか結ばれない。もうじれったくて、切なくて。「永山瑛太、なんとかしろよ！　こっちだって苦しいんだから！」と、観終わってベッドに入ってからも、悶々として眠れなくなるほど。本気で感情移入しちゃうんだから、アホだよね～。

そんな乙女な一面と、恋愛よりも仕事を選ぶというオッサンな一面が同居しているところが、私のなんともやっかいなところだと自覚しております、はい……。

尽くすタイプであっても、追いすがるタイプじゃない

恋をしたら乙女になって、相手にこれでもかと尽くしてしまうタイプですが、どんなに惚れ抜いている相手でも、別れ話を出されたり、自分のほうに心がないとわかったら、即刻アウト！　尽くすタイプではあっても、追いすがるタイプではないんでしょうね。

もし、浮気されているな、なんか怪しいと感じることがあったら、まずは様子を見る。「ちょっと怪しいかな」くらいだと、まだ信じたい気持ちがあるからなかなか切り出せない。「やっぱり怪しいな」と思ったら、勇気を出して「ちょっとお話いいですか？」と切り出します。そして相手の心が私にないとわかった時点で、「そっちがいいんだったらそっちに行ってください」と潔いふりをして、心で泣きながら身を引いてしまいます。プライドが高いのかなぁ。男性にとってかわいくないのかな～。

本当に好きで好きで、浮気されても一緒にいたいという女性もいるよね。よっぽど好きなんだなとその気持ちを理解できないこともない。けど、心に私がいないことがわかったら付き合いを続けようとは思えない。一緒にいても常に探ってしまいそうで居心地もよくないし。それでも振り向かせてみせるパワーってすごいエネルギーがいる。相手によるだろうけど、今のところそのパワーは持ち合わせていない。

自分の意志が一番だけど相手が私の存在をどう思っているのかも大事で、その上で、この先やっぱり一緒に生きていきたいと思う相手なら、私も少しは大人になって、相手が本気で反省して「もうしません」と土下座してきたら許しちゃうのかなぁ。どこまでを浮気って思うのか、そのときでないとわからないけど。う〜ん、どうなんだろう……。

いずれにしろ、男の人のお尻を追いかけるんじゃなくて追いかけられる魅力的な女性になりたいよね。それにしても……恋してないわ〜。振り向けど振り向けど、誰もいない。ちーん。

かわいくて甘えられる女性が最強!?

ある日、バラエティ番組で共演した大竹しのぶちゃんと、今田耕司くんたち男性芸人さんを相手に、即興の恋愛演技合戦をしたことがありました。

たとえばふたりでいるときに、恋人に急用ができて帰らなきゃいけなくなってしまった。「そこで一言」というように、設定によってどんなリアクションをするのか競いあったんです。

私は「じゃあ、帰る」と言う恋人に、「え〜本当？　じゃあ、またね」とコートを差し出したら、男性陣から「あかん、あかん！」ってダメ出しの嵐。対して、しのぶちゃんは、「え〜いやだ〜、もうちょっといてよ〜」と、かわいい返し。そこにいた男性全員が「しのぶさんの勝ち」と判定し、演技合戦はしのぶちゃんのボロ勝ちでした。

恋愛って、素直にかわいく甘えられた人が絶対に勝ちだと思うんです。「ああ、僕とずっと一緒にいたいんだな、僕のこと好きなんだな」って男性は思いますからね。私みたいにかわいげのあるやりとりは恥ずかしくて苦手で、物分かりのいい態度をとってしまうと、誤解されがち。「僕のことそんなに好きじゃないんだな」と思われてしまう。好きでいてほしいし、愛されたいから考えを巡らすんだけど、何が正解かよくわかりません。恋愛偏差値はきっと20ぐらいだろうなと思います。とほほ。

でも、ひとつ言い訳していいですか？　それをわかってくれる大人の男の人がいないのも問題ですよ！　強がってしまう私を見て、「お前は本当に不器用だな」とか「そういうところがダメなんだよ」って言いながら優しく笑ってくれるような心穏やかな男性がいたらメロメロになりますよ‼　また、妄想癖が出てきてしまいましたが、甘え下手の女性にとって、そんな男性がいたら最高でしょ。

爆笑問題の太田くんと妻の光代ちゃんの馴れ初めは、いろんな芸人さんが光代ちゃんの家にいてお開きになったときに、太田くんも一旦みんなと一緒に帰ったのに、ひとり戻ってきて、そのまま居ついて同棲が始まったのだとか。なんかいい！　一見、不器用なようで自分を貫く行動力。素敵な始まりですよね。

たぶん私ならみんなと一緒に出ていってしまって、思いを抱えて帰っちゃうんだろうな。仮にもし、私がこの先の恋愛で引き返したとしても、「戻ってきちゃった、ごめんなさい」と言ったら、「あれ？　道がわからなくなったのかな？　ボケちゃった？」と思われちゃうかも⁉　おい‼

笑いに取りつかれた女の性《さが》

ずっとひとりでいたいと思っていたわけではないし、いつかは結婚したいと思ってきたから、相手を探す努力も一応してきたんですよ。紹介や合コンなども何度かこなしてジタバタしてきたつもり。だけど、〝笑い〟に取りつかれた女の性は自分で考えている以上にしぶとかったみたい……。

皆さんもよくご存じ、私の盟友・柴田理恵さんが、かつて合コンのセッティングをしてくれたことがありました。

男性陣は、柴田さんが知り合った一般の会社にお勤めの方々で、女性陣は私含めてワハハ本舗から。出っ歯な女（私）と、子泣き爺《じじい》みたいな顔した女と、シェパードみたいな女のトリオだったからかな……。相手側にひとりかっこいい方がいたんだけれど、どう見ても上司に言われて来た感がありありで「すみません、ちょっと今からサーフィンに行くんで」と途中で帰っちゃった。そこからは、普通の飲み会になっちゃいましたね。

全国公演のとき、柴田さんが「ちょっといいの選んどいたよ」と言って、舞台の仕事終わりに10対10の合コンをセッティングしてくれたこともありました。柴田さんの後輩の男の子が中心となって集めてくれた面々が勢ぞろい。舞台がはねた後でもうみんなヘトヘトなんだけど、東京からわざわざいい服を持ってきて「今日こそは！」っておめかしして、気合バッチリ、期待もマックスでした。

しかーし！　いざ、始まってみると、中盤からは女というよりも宴会のホステスみたいになっちゃってた……。「どんな人が好きですか？」って男性陣に聞いて、「網タイツはいている人が好きです」と言う人がいたら、網タイツはいているヤツがタイツを引っ張ってペンペンと鳴らしたりとか！　これもう、ダメじゃん。でも、私たち盛り上げるためならなんでもしちゃうんだよね。

私なんて気づいたら男性陣と女性陣の真ん中に座っていて、『プロポーズ大作戦』のMCよろしく「どうなの、どうなの」って回す係に。「じゃあ、最後、時間だから告白タイム！　気に入った人がいたら連絡先聞いて〜」と締めまでしっかりやっていました。

でも、その中にひとり、「俺は久本さんがいいです」と言ってくれた男性がいたんです。のび太くんを精悍《せいかん》にしたような見た目で人柄もよさそう。これは逃すもんかーと思って、「何のお仕事をしているの？」って聞いたら、「全国を回って新種の昆虫を探しています」と。「えっ？　それじゃ私、昆虫？　新しい昆虫見つけられちゃった！」……そんな悲しい過去ばかりです。とほほ。

その後も何度か合コンしたけれど、結果はいつも同じ。気づけば、なんでか回し役になっている。きっと出会いの場でも「なんか面白いことないかな」「そこにいる人を笑わせたいな」って考えていることが、相手にも伝わっちゃうんだろうね。ちーん。

運命的なお導きはこれから!?

昔から、「結婚はタイミングが大事」ってよく言うよね。上手くいくカップルは赤い糸で結ばれているような、何か不思議な力が働いているような絶好のタイミングが重なってスーって、話がまとまるような気がしませんか?

柴田さんと旦那さんの結婚もそう。大学時代に演劇部で出会って付き合い始めたふたりは、とにかく仲良しで長く同棲していたけれど、柴田さん本人は結婚するとは全く思ってなかったらしいです。だけど、たまたまワハハ本舗の舞台でイベントを考えていたときに、「面白いのはお前が結婚することだろう」ってみんなから言われて、ノリと勢いで結婚式を挙げちゃった。今も仲良しの夫婦ですが、「あれがなければ結婚してなかったかも」と言っているぐらいですから、最もいいタイミングだったんだろうね。

三平ちゃん（落語家の二代目林家三平さん）も同じようなこと言っていたな。女優の国分佐智子さんにプロポーズするときに、「さっちゃんのところへ行くのに車が一度も赤信号で止まることがなく、ずーっと青信号」だったんだって。そのときに、「やっぱり、この人と結婚するんだな」と、なんか運命的なものを感じたと話してくれました。

赤い糸じゃないけれど、結婚する人とはきっと強い縁みたいなものがあるんだろうね。科学的には説明できないような何かが。

障害もなく、トントン拍子で話が進んでいくような運命的なお導き、いつか私にもやってくるのかしら!?

誰かのための結婚はしない

かつては20代半ばになっても結婚しない女性は、売れ残りのクリスマスケーキにたとえられましたよね。今では聞かなくなりましたが、30歳ぐらいになると親や周りから「結婚しないの？」なんてせっつかれている人は、未だに多いのではないでしょうか。

実は私も人生で一度だけ、母の勧めでお見合いをしたことがあります。

ひとりで上京を決めて、お芝居の世界に飛び込んだ私のことを母はめちゃくちゃ心配していて、「東京みたいなところで、わけのわからないことするなら、大阪で私の目に見えるところでわけのわからないことしてほしい」とよく言われていました。だからか、20代の頃、母がお見合い写真を送ってきたことがあったんです。私は「絶対にしないよ」と拒否。だけど保育園の先生をしていた母が、園長先生の誘いだから断れないと。母の顔を立てるために仕方なく、会うだけは会ってみることにしました。後から思うと、あれは絶対に園長先生に頼んで、母のほうから仕込んだんでしょうけど。

お相手は、建築関係のお仕事をされている30代半ばの男性。私は当時22か23歳。私から見ると、普通のオジサンだなって第一印象でした。

当日は、仲人の園長先生の家でお茶を飲んで、「ここからは若いふたりで……」というお決まりの流れに。結婚する気なんて全くなかった私は、「ドラマで観たシーンだ！」と呑気なもんでした。

相手の方にはとても失礼だけど、好き放題をして嫌われるのが私の作戦。大阪の造幣局の桜の名所に連れていってもらっても、すぐそばにある見世物小屋のようなところにずんずん入っていく。中にヘビを首に巻いた女の人がいて「ヘビ女でございます。触りたい人いますか〜？」と言うので「ハイ！　ハイ！」って手を挙げちゃって、実際に首に巻いて「うわー、全然ヌルヌルしなーい」と大声で言ったりしていました。ひどいよね。

喫茶店に入っても、普通だとかわいく「オレンジジュース」とか言うところでしょうが、「おばちゃん、冷た〜いビール！」と頼んで、ゲップまでプラス。……もう最低ですね。

これで絶対に嫌われたなと思っていたら、どっこい！　なんと「竹を割ったような気持ちのいい性格ですね」って、逆に気に入られちゃった‼　「ぜひお付き合いしてください」って言われたけど、結婚はどうにもこうにも現実的なものじゃなかったので、やはりお断りしました。結婚する気がないのにお見合いするなんて、相手の方には本当に失礼なことをしたと大反省しました。それが最初で最後のお見合いです。

母にとっては遠く離れて暮らす、しかも演劇というわからない世界にいる私のことが心配だったんでしょうね。女の幸せのためには、安定した職業の素敵な人と出会えれば、と必死だったんでしょう。でも、自分の人生だから、適齢期は自分で決めないとね。何歳になったから結婚しなくちゃいけないとか、世間体があるからとか見栄を張っても仕方がない。やっぱり自分自身のタイミングが一番大切なんじゃないかな。そう言い続けてもう63歳まで来てしまったけど……。

パートナーは作りたい

先行き不安な職業に就いた娘を案じ、お見合いまで仕込んできた母ですが、私の決意が固いことを知ってからは、東京で頑張る娘を心から応援してくれるようになりました。いろんな言葉で支えてもらいましたが、あるとき、こんなことを言われました。

「あなたにはやるべきことがあるのだから、結婚に執着しないでいい。でも、パートナーはいたほうがいいよ。心がギスギスしないように」と。

私が仕事大好きということを理解してくれたお母ちゃんだからこそ、出てきた言葉。いつ思い出しても胸がじーんと熱くなりますが、この言葉は年をとればとるほど、より響くようになりました。

以前、お笑いの先輩から、「お前、劇団の仲間とかいるし、友達もいっぱいおるみたいやから、結婚なんかええんとちゃうか」と言われたことがありました。「いや、それとこれとは別ですよ〜！」って答えたけど、ひとりで生きていると、一瞬の寂しさを埋めてもらいたいって思うときがある。そんな風に心に北風が吹いているときに異性と話していると、男性ならではの視点に気づかされたり、温かく見守るような眼差しに癒されたりと、心が潤っていくことがあります。

もしかしたら母の言うように、ギスギスした心にならないためにも、結婚というカタチに縛られなくても、人生のパートナーを探すことが私の幸せにつながるのかもしれないな。

子供がいなくても平気だった

自分が選んだ道だから、子供を持たなかったことに関しても後悔は一切ないんです。自分の好きな仕事に真面目に励んできたという思いに、一点の曇りもないですから。

ただ、お正月や誕生日などの行事に、そばに旦那さんや子供がいたら、心境も変わるんだろうなぁと考えたことも。とはいえ、お正月や誕生日も気心の知れた仲間に囲まれて賑やかに過ごすので、寂しいと思ったこともないんだよね。

誕生日には、劇団の「久本班」と呼ばれる仲のいい後輩たちが、みんなで私の似顔絵を描いたTシャツを着て迎えてくれるなど、工夫を凝らしたあったかい誕生日会を毎年開いてくれます。ケーキをご馳走してくれたり、私の好きなアーティスト・草間彌生さんのTシャツを贈ってくれたり、お金もないのにプレゼントを用意してくれるんですから、ほんと毎年涙もんだよね。

お正月もこれまでずっと家族と過ごしてきたし、最近では松竹新喜劇の公演が元日にあるので、その劇団の仲間と顔を合わせます。舞台の後は、一緒にご飯を食べたり、飲みに行ったりしてほっとひと息、楽しく過ごす。

思えば、家族のような存在のかわいい後輩たちがいることで、子供がいなくても救われていたり、心の穴を埋められていたのかなぁ。

こうやって寂しいと感じるヒマもないほど、周りの人に恵まれてきたことに感謝だね！

こちらもその分、みんなに対してこれからも愛情を送り続けるからねーー！

仲間の結婚は心から嬉しい

独身の女性が友達から結婚報告を受けると、仲間がいなくなるようで寂しく感じてしまう。そんな思いを持つ人も中にはいるかもしれません。もちろん私も「いいなぁ、素敵な人と出会って羨ましいな、よかったな〜」って思うけど、「なんで、自分はできないんだろう」とか「私だってああいう人を見つけたら絶対に幸せになれる」と、対抗心をメラメラと燃やしたことは皆無。そう言い切れるのは、これまでの人生で、結婚という選択肢を自分でつかみとってこなかったからかもしれません。

キャラ的には「ちょっとぉ、お前だけ幸せになって！」なんてやってみたり、結婚している人に一言と言われて「ヘルプミー」というお約束の返しをしてみたりしますけど、あくまでもそれはギャグ！　心の中では「おめでとー」と、めちゃくちゃ祝福しています。

実は、私はいつの頃からか、電話の音色を聞くと、「あ、結婚だな」と察知する予知能力が備わったんです。人間には無限の可能性がありますね！

しょっちゅうやりとりしているわけじゃないけどお仕事で一緒になったことのある人や、なんとなく彼氏彼女がいることを知っている人から、メールやＬＩＮＥじゃなくてある日突然、電話がかかってくる。ああ、アレだろって、ピンとくるんです。そして、たいていがビンゴ！

最近は、先回りして「もしもし、結婚だろ？　おめでと〜。いつ？　誰と？」と言いながら電話に出ます。あはは。でも、私が電話に出た途端、みんな「すみません！」と言うんですよ。もう、これほんとやめてよ〜。私が結婚できないでひがむのはギャグですから!!

私は人が幸せになるのが純粋に好き。結婚式にしたって、その子が決意して選んだ人生の新たな門出に立ち合わせてもらうわけで、喜びを分かち合えるなんて最高じゃないですか。だから私に結婚報告や結婚式への招待の電話をくれる皆さん、どうか謝らないでくださいね。

結婚願望はいくつになっても！

恋愛対象として、年上の男性はありかなしか聞かれることも。年上でも大杉漣さんや奥田瑛二さんみたいにセクシーでユーモアがあって、仕事もできる〝かっちょいい人〟ならもちろんウェルカムだけど、なかなかそんな人いないですよね……。自分を棚に上げて勝手に品定めするなって話ですけど。

　だけど、ダウンタウンさんの番組に出演したときに、占い師の方から年上の男性がいいと言われたんです。私は自分が63歳だから、さらに年上だと「すぐ介護じゃん」と考えてしまって、思わず「年上いやだーー」とポロリ。するとその発言を聞いた松ちゃんが、「長いこと一緒にいられないもんね」と言ったんです。

　この言葉、衝撃でした！　私の打算まみれの心に対して、松ちゃんの邪心のなさときたら……。この人優しいなぁ、相手に対する思いやりが先に立つんだなぁと、感動しましたよ。男性の中で独身代表みたいだった松ちゃんが結婚したときには「え、まさか？」と驚いたけれど、いい結婚生活を送られている証拠だよね。そんな風に思える素敵な夫婦になれるなら、やっぱり結婚したいな〜と思った。ちなみに松ちゃんからは、「結婚するする詐欺」って言われています！

　独身でひとついいことは、これから最愛の人と出会うかもしれないという、人生の希望があること。そう言い続けながら、全然希望が現実に変わらないんですけどねー。〝希

望〟が〝死亡〟に変わらないように、頑張らないと！（マジで）

ちなみに憧れの先輩、御年88歳の黒柳徹子さんも「私だって、結婚別に諦めてないわよ」とおっしゃっていました。どちらが先に結婚するか勝負していますが、この対決は未だに決着がつかずです。先輩、私、負けへんで〜〜！

第3章

ひとりだから「仕事に全力投球」

なにものにも代えられない幸福感

私のこれまでを振り返ると、恋愛よりも何よりも、圧倒的に仕事の比重が大きい人生だったなぁ。若い頃は仕事で人から認められたい、褒められたい、向上したいという気持ちがとても強かったけど、年を重ねるにつれて「お役に立ちたい」「恩返ししたい」という思いに変わってきました。

いずれにせよ仕事に対する情熱は変わらないんですが、恋愛を捨ててきたわけではなく、仕事好きの恋愛体質なんですね。自分でも「くそ面倒な体質だな」って思うけれど、仕事に100%全力投球しながらも、人を好きになったらとことん尽くしてしまう。だから、好きな人から「好きだ！」と言われたら、もちろんすごく嬉しいんです！　でも、ずっとは続かない。どんなに好きでも、私の気持ちが盛り上がらないときには、一緒にいても「あ〜、早く帰らないかな」と心の中で思ってしまう。

なのに、相手の愛情が物足りないときには「なんで3日も電話がないの」と思うことも。恋愛って相手があって初めて成立するものだから、自分だけでコントロールできないし、どんなに頑張ってもどうにもならないことがある。だから、喜びが長く続かないことのほうが多くないですか？

その点、自分の生きがいであり、支えである仕事は、自分自身が頑張れば、結果は自ずと付いてくる。もちろん仕事で認められたり、褒められたりすることも絶対ではないし、いつも上手くいくわけではないんだけど。その分、上手くいったときの充実感や達成感、満足感や幸福感は、他の何よりも私の心を満たしてくれます。

「久本さん、あの仕事よかったね。めっちゃくちゃ面白かったよ！」「今日、すごくよかったから、次もよろしくね」なんて声をかけられたら、テンション最高に。無上の喜びですよ！　自分の次の仕事への自信になって、希望になって勇気にもなります。

天秤にかけるものではないとは思っていても、どんなに素晴らしい〝ラブ〟も、仕事の面白さや喜びには勝てないって思っちゃう。そんな私の生き方を理解してくれる男性がどこかにいないかなぁ……とも考えてしまう。うん、勝手だよね。でも、この気持ち、仕事好きなシングル女性には、わかっていただけるんじゃないでしょうか？

私のファミリー〝ジョブ〟ヒストリー

私が、なぜこんなに仕事に惹《ひ》かれるのか。今までも考えてみたことはあったけれど、結局はっきりとした理由は見当たらないままです。父は運送業、母は保育園の先生をしていたけど、ふたりの働く姿に憧れていたわけでもないんだよなぁ。

記憶を辿ると、小学6年生のときの作文に「将来は新聞記者になりたい」と書いたことがしっかりと残っているんです。でも、本当に新聞記者になりたかったのかと言われたら、職業はなんでもよかったんだよね。ただ、男社会でバリバリと活躍するキャリアウーマンに憧れていた。その象徴が新聞記者だったんだろうな。子供の頃の夢ってコロコロ変わるから、その後も母と同じ保育士さんとか、なんか横文字でかっこいいソーシャルワーカーとか、その時々で将来なりたい職業も変わっていきました。

タレントになることは考えなかったのかって？　確かに、お調子者で人を笑わせるのが好きだったから、中学生の頃に担任の先生から「進学するか吉本に行くかどっちかだ」と言われたことはあります。でも、当の本人は吉本に入って漫才をする気なんて全くナシ！面白いことは好きだけど、私がやりたいことはそっちじゃないなって、生意気ながら今ひとつピンときてなかった。

だけど、私はOLには向いていないと見抜いていた母から勧められて、短大時代に話し方教室に通い始めてから、おしゃべりを生かして仕事ができたらいいなと漠然と思うようになっていました。そこで知り合った女の子と優勝賞品のシンガポール旅行につられて吉本興業主催の演芸大会に出てみたら、なんと優勝しちゃった！　それでもまだ、まさかプロになるとは思ってなかったんです。

転機は、演芸大会に一緒に出た友達が舞台女優を目指すというので、佐藤B作さん率いる「劇団東京ヴォードヴィルショー」の舞台を観に行ったときのこと。お芝居で魅せる笑いにものすごく感動して、私も〝笑わせる側の人間になりたい〟って、この道に進むことに決めたんです。

いくら子供の頃の夢とはいえ、「新聞記者」から「劇団員」って、ギャップすごくないですか⁉　だけど、最近、この選択は何か目には見えないものに導かれたような、運命的なものを感じたんです。

2016年、NHKの『ファミリーヒストリー』に出演したときのこと。著名人の家族のルーツや歴史を番組スタッフが詳細に調査するこの番組に出演して、初めて知ったんです。私のふたりの祖父がどちらも村芝居の女形で、村の大の人気者だったことを。母方の祖父が女形だったことは知っていたけど、父方の祖父までそうだと知って、ビックリ！

母方のおじいちゃんは、ゆるりゆるりと踊る美しさが格別で、踊り始めるとおひねりがばんばん舞台に飛んできたそう。父方のおじいちゃんは、舞台だけでなく、普段から村の人たちを笑わせるのが好きなお調子者だったとか。

人に喜んでもらったり、笑わせたりする芸に打ち込んでいたふたりの祖父の女形の写真を見て、人を楽しませたいという私の気持ちはＤＮＡのせいだったんだと思わずにはいられませんでした。同時に、この家に生まれたことを無駄にしちゃいけないなって、使命のようなものも感じたんです。

自分の肉体すべてを使って村の人たちを喜ばせたおじいちゃんたちに恥じないように、私も自分のやるべきことを果たしていきたい、そう固く決意しました。

あれ、ちょっとアツすぎましたかね？　えへっ。

小さいことでも見てくれている人はいる

劇団東京ヴォードヴィルショーのお芝居を観て、雷に打たれたように感動した私は、その衝撃だけで、何の疑問も不安も持たずに猛然と動き出しました。だけど、大阪から何度、東京ヴォードヴィルショーの事務所に「入団したい」と電話をしても、「今は、新人を募集していない」の一点張り。それじゃ直接行くしかないという、若さゆえの根拠のない自信と、やりたいという勢いだけで、22歳で上京を決意。「ちょっとドライブしてくる」と言い残して夜逃げのように大阪を出てきました。

その後、入団させてほしいと押しかけて、憧れの劇団に入団。だけど、演劇経験もないし、実力もないから、当然のごとく売れない女優でした。劇団の稽古がなければやることがない。バイトが終わるとヒマでヒマでしょうがない。でも、やる気だけは満々。だからその頃は、毎日やたらとランニングをしたり、なんとか劇団に関わっていたくて、誰に頼まれたわけでもないのに、稽古場をせっせと掃除したりしていました。

別に事務所の人にアピールしていたわけでもなく、持て余したエネルギーをぶつけていただけだったんだけど、当時、私の掃除する姿を、なんと脚本家の大石静さんが見てくれていたんです。大石さんは自分が主宰する劇団の稽古のために、東京ヴォードヴィルショーの稽古場を借りていて、そこで私をご覧になったそうです。後年、大石さんにお会いしたときに「真面目に掃除しているあなたの姿を見て、いつか必ず売れるって思っていたのよ」って言われて「えーーっ」とビックリ。30年以上も前に、稽古場の掃除をする無名の私を見てくれていた人がいたなんて！　たとえ小さなことでも、頑張っている姿は誰かが見てくれているものだなって、感慨深かったですね。

たまたま大石さんが見てくださっていたわけだけど、もしも誰も見てくれてなくても、誠実に頑張ったことって、自分の血となり肉となり、必ず財産になると思う。やりたいことがあるのなら、どんな小さなことでもまずは自分から一歩踏み出してみる。そうした努力の積み重ねで、世界って広がっていくものじゃないかな。

10人に嫌われても、1人わかってくれる人がいればいい

私にとって、お笑いが好きという気持ちは、絶対的なよりどころ。だから、舞台で目一

杯面白いことがしたいし、お客さんが笑ってくれたら嬉しい。その純粋な気持ちは、〝お笑い女優〟になろうと決意して東京に出てきた頃から、全く変わっていません。

テレビに出始めて、皆さんに顔を知ってもらえるようになって、股をポーンって叩いたり、「よろちくび～」をしたり、下ネタ満載の私のギャグを見て「女なのにそこまでやるのか」とよく言われました。

人気に火がつき始めると、週刊誌には「女を捨てた芸で話題」という言葉がお約束のように躍っていました。股間におかめとひょっとこのお面をつけて走り回っていれば、世間的には女を捨てた芸になるんだろうね。特に女性からは「大嫌い」とか「受け付けない」とか大いに引かれました。

そう言われてまでなぜ、あの芸をやっていたのかと聞かれれば、別に誰かにやらされていたわけでもなく、自分で考えて面白いって思えたのがあれだったわけです。浴びせられるきつい言葉も、芸能界は言われてナンボの世界だから、これは注目されている証拠。ラッキーと思っていいよねと、前向きに受け止めようとしていました。

だけど、あまりに嫌われすぎると、さすがに「私のお笑い間違っていたのかな」「みんなに楽しんでもらってないのかな」と落ち込むことも……。ある日、両親と一緒に番組に出たとき、司会者から「娘さんのやっている芸は恥ずかしくないんですか？」と聞かれて、母がこう答えたんです。

「10人中10人に好かれるのは難しい。でも1人か2人、娘を見て元気になってくれる人がいると思います。そう思って誠実に頑張ってもらいたい」と。

この言葉は今でも私を支えてくれる大切な言葉のひとつです。

引いていく人もいた一方で、「面白いんだから、迷わずにやれ！」と言ってくれる人たちもいました。母や周りの方々の支えがあったからこそ前に進むことができたのは間違いありません。自分の信じる道を進んでこられたのは、周囲の助けがあったおかげだと、めちゃくちゃ感謝しています。

無視されたら、世界一仲良くなってやる！

めったに苦手な人ができない私。でも、数年前に珍しく仕事の人間関係に悩んだことがありました。その人とは上手くコミュニケーションがとれなくて、私が話したことが全く受け入れられない状態。無視されるとまではいかないけれど、その人と会うのが辛くて、現場に行くのが嫌になってしまったことがありました。

人と人との関係って不思議なもので、私のこと嫌っているなとか、信頼してくれているなとか、相手の感情は空気感で伝わるじゃないですか。それが誤解だったということもまれにあるけれど、目には見えなくても相手が醸し出す空気感って、自然に感じてしまう。

だから私がビビっていることが伝わっていただろうし、顔色をうかがってしゃべったり、距離を置いたりしていたこともきっと伝わっていたんじゃないかな。「どうか今日も楽しくできますように」とか「何事も起こりませんように」と、天に祈るくらい消極的な感じの向き合い方でした。

だけどあるとき、もうこうなったら「世界一仲良くなってやるぞ」って腹をくくったんです。ベクトルを変えると決めたら、「おはよう！」「どうも！」という挨拶も、これまでよりずっと明るく言えるようになった。「普通にしゃべれてるよ～」「あの人の前で笑えているよ～」と、自分でも驚くぐらいに変わると、それが伝わったのか、相手の反応も変わってきた。そのうちにだんだん溝が埋まっていって、最終的にはその方と一緒にご飯に行きました！

そうなるまでは、その人と会う前日は眠れなかったからね。いや、まあ、寝てはいましたけど。でも、やっぱりしかめっ面で寝るのと、微笑《ほほえ》んで寝るのって全然違うよね。明るい気分で目覚められるもん。気持ちよく起きられたら朗らかに「こんにちは！」って言えるけど、それまでは「どうも」って暗い声しか出せてなかったと思う。

しかし、この一件で、人間長いこと生きていても、完全に悩みがなくなることはないなって改めて学びました。「悩みのないところに行きたければ、墓場に行け」って言葉があるけれど、まだその時期には早いもんね。いくつになっても、日々勉強だね！

最後は真面目がものをいう

最後は真面目が勝つというのは、私の人生訓のひとつです。

「真面目＝堅物で融通が利かない／頑固」とかいうように、よくないイメージを持っている人も多いかもしれないけど、私は仕事をする上で真面目であること以上の美徳ってないんじゃないかなって思う。

お笑いの人はみんな、お客さんに笑ってもらうために、真面目にふざけている。だから私は「笑いと単なるおふざけは違う」と思っているんです。面白いことを真面目に追求している人はみんなを楽しませることができるけど、ただふざけているだけの人はみんなを不愉快にさせてしまう。

真面目に笑いをやっている人は、わーっとふざけているだけのように見えて、自分がハジけなかったり、ウケなかったりすると、「面白いこと言えなかった」「せっかく振ってもらったのに、なんで返せなかったんだろう」とか見る影もないほど本当に落ち込んで帰りますからね。だけどそうしてしっかりと落ち込んだら、次はその反省を生かして絶対に面白くしてやるぞって、頑張るわけです。

真面目と頑固が紙一重のように、「あの人元気だね」と「うるさい」も紙一重。「落ち着いてるよね」と「陰気だね」も、「せっかちだね」と「スピーディだね」もそう。その人の持つ特性をどう生かしていくかが、人生においてはとっても大事なことだけど、紙一重の違いを分けているのは、真面目であるかどうかなんじゃないかな。

要は、真面目であれば、「あの人元気だな」と思われるけど、ふざけているだけなら「うるせえな」って思われるだろうし、丁寧な作業に「ありがとう、丁寧にやってくれたね」と思ってもらえても、適当にやっているのが伝わると「あいつ遅《おせ》えな」って思われてしまう。

最初は上手く誤魔化《ごまか》せても、最終的にみんながどっちを選ぶかといえば、真面目な人じゃないですか。そうじゃなきゃ信用できないし、安心して仕事を任せられないからね。だから、真面目な人が勝つし、そういう人が報われる社会であってほしいなぁ。

SNSは苦手

私たちの業界でも、今やSNSは欠かせないツール。発信力があるから、ぶわーって情報を拡散できるメリットもある一方で、ちょっとした発言が物議を醸すこともある。諸刃《もろは》の剣だなと、臆病者の私はちょっと遠巻きに見ています。

SNSを上手にプロモーションに利用している人も周りにはたくさんいるから、「インスタやったら」と、しょっちゅう勧められます。でも、インスタグラムのためにどこかに行かなきゃとか、おしゃれしなきゃって考えちゃう私がいるので、面倒だなって思っちゃう。「そんな難しく考えなくても日常のさりげないことでもいいんですよ」と言われても、私のプライベートに興味のある人もそんなにいないだろうし、プライベートはフリーで放っておいてほしいというのが本音です。

仮にやったとして、「最高に元気が出た！」とか「最高によかった！」とかポジティブなコメントは、きっとありがたいと思う。でも、きっとネガティブなコメントもいっぱい来ますよね。コメントをする人は自分の発した言葉が人を傷つけないだろうかとか、悲しむだろうなとか、相手の気持ちを考えている人ばかりではないですからね。

それに根が真面目だから、コメントをいただいたら、返さなきゃ悪いなと思ってほったらかしにしておけない性分。そうすると寝る時間がなくても頑張って返している姿が目に浮かぶ。だから、SNSは私にとってはいつまで経っても足を踏み入れることのない遠い存在です。

気持ちを伝えたいから筆をとる

SNSでのコミュニケーションは、使いこなせれば世界が広がって面白いと思いますが、私は筆をとることもずっと続けていきたいです。

感謝の気持ちをきちんと伝えたいというのは私のモットーだから、お世話になった方にはすぐに一筆書いて送るようにしています。筆まめなのは母譲りで、母が亡くなった際に、「私が持っているよりも娘さんが持っていたほうがいい」と言って、母が友人に宛てた手紙をくれた方が何人もいました。

LINEで連絡をとりあうことも、もちろんあります。でも、何か品物をもらったり、何かしてもらったりしたときに、お礼の気持ちを伝えるのは手紙にすることが多いです。

ありがたいなと思ったら、そのままにしておくのがイヤ。なんだかずっとひっかかっているようで気持ち悪い。だから、時間ができたらすぐに書いて、すぐにポストに投函します。たとえばロケに行ったとき、私が来るからって特別に何か食べ物を用意してくださっていたり、帰りしなに頂き物をすることがあります。その心遣いがすごくありがたいから、その気持ちが冷めないうちに、相手に伝えたいと思う。感謝の気持ちにも旬があると思うんですよ。

手紙といっても大げさなものではなく、ほんの一言。たとえば「お世話になりました。

お招きいただき、ありがとうございました」とか、「お酒ありがとうございます。おいしくいただいています」とか、「またゆっくりお店で飲みたいです」とか。そんなに気張ったことなんて書いてないですし、思ったことを素直に一言、二言書いているだけ。

便せんやハガキはいつでも出せるように常に持ち歩いています。いつもバッグに忍ばせていれば、その場で書いてお渡しすることもできるし、空いた時間にすぐに書くこともできて便利です。

母から譲り受けた昭和女のコミュニケーション術。令和の時代に、かえって新鮮じゃないですか？

出会った人から聞く話が財産

若い頃、私は「寝ない女」と呼ばれていました。どんな男でも落ちないという意味ではないからね！　自分が寝ている間に、何か面白いことがあったらイヤ。面白いことを見逃したくないので、飲みに行っても最後まで帰らなかったんです。

寝ずに安酒を飲み続けているんだから、今から考えると体にめちゃくちゃ悪い生活だよね。でも、40代ぐらいまでなら、寝なくても全然平気。それよりも、いろんな人に会って刺激を受けるのが楽しくて仕方がなかったんです。

若い頃は出会った人の言葉をスポンジのように吸い込むことができますよね。人生の先輩からアドバイスをもらって、自分の中に眠っている新たな一面が引き出されたり、自分が面白がっていることの根底が見えてきたり。そのときにはわからなくても、後から「あの人が言いたかったのは、このことか！」と気づくこともあります。今振り返ってみても、人との出会いすべてが、自分の財産だと間違いなく思う。

20代、30代の頃は、劇団員や舞台を観に来てくれた他の劇団の役者、放送作家、プロデューサー、雑誌の編集者やライターと、とにかく目が合った人と飲みに行っていました。

40代になると、上地雄輔くんやキングコングの西野亮廣くんといった若い世代の友達からもたくさんの刺激をもらうように。年代は関係なく芸能界以外の人たちとの交流も大事にしていました。普通のおばちゃん友達と過ごす時間も面白い！　みんな、私が普段味わえないことを知っているから、彼女たちや彼らと話していると驚かされることがいっぱいあるんです。

それぞれに唯一無二の人生があって、話を延々聞いていても全く飽きない。事実は小説より奇なりと言うけれど、思いもよらないような人生のドラマは誰にでもあって、いつも新しい発見があるんですよね。そこから学ぶことも本当に多い。

年齢を重ねて、毎日のように飲みに行く生活はできないけれど、その代わりに少しでも時間が空いたら、誰かとお茶をしたり、ランチをしたり。少しずつ健全な交流へとシフト中です。あんなに宵っ張りだった私が、今では夜9時には眠くなっちゃう。同じ人間とは信じられませんね。

年をとっても、結局はありのままをぶつけるしかない

私たちの仕事って人気商売だから、人気があるときにはちやほやされても、人気がなくなったら「あぁ、いたの?」ぐらいの勢いで周りの人たちの対応や反応が変わります。それはもう、あからさまにわかる世界です。「この人、最近見ないね」とか「こんなところにいたんだ」というような容赦ない言葉を投げかけられる。厳しい世界ですよね。

だけど若い頃は、そんなことを全く考えなかった。目の前にある仕事に必死で取り組んでいたし、若さ特有の根拠のない自信があったからかな。そういう若さゆえの勢いってとても大事だし、それがなければこの世界で成功するのって難しいんじゃないかなとも思うんです。

この仕事を40年間しているうちに、時代が変わり、私の立場や仕事量も変わってきました。「体力的にどこまで持つんだろう?」「お仕事は今後もあるんだろうか?」というような、若い頃なら考えもしなかったようなあれやこれやに向き合わなければならなくなった。

私が30代、40代の頃は、前へ前へと出ていく人のほうが派手に目立つことができるし、好まれる時代でした。でも近年はどちらかと言えば、癒し系とか普通っぽい人が好まれて、

泥臭かったり、ガムシャラだったりするスタイルは好まれないような気がする。

そうなってくると、番組に出演していても、張り切ってわーってしゃべりすぎないほうがいいのかなとか、前に出すぎないほうがいいのかなということが、ふと頭をよぎるようになりました。どうしようかと一瞬でも考えたり、悩んだりすると、瞬発力が鈍ってしまい、変な間が空いてしまうんですよね。いつの間にか話題が通り過ぎちゃって悔しい思いをしたことも。

そんなモヤモヤとした悩みも一周まわった末、結局、「自分の中にないものは出せないし、時代に迎合して取り繕ってもたかが知れている。私は私のままでいるしかない。自分の個性で勝負するしかない」というシンプルな結論に至ったんです。ありのままの自分を見せて受け入れられたら正解だし、受け入れられないのだとしたら仕方ないと認める覚悟も必要だなと。そう腹をくくったんです。

だからこれからも、時代がどうあれ変わらず自分らしく輝けるよう精進するしかない！

今後とも〝よろちくび〜〟。

〝老害〟にならない旬の人への乗っかり術

私が若手の頃、とある先輩から「今はお前が旬なんだから、俺たちはお前を立てなければならないから」って言われて、その受け止め方、すごいなぁと思ったことがありました。でも、今の自分はまさにその立場。この世界って、ありのままの自分で勝負することはもちろんだけど、旬の人や勢いのある人に乗っかっていくことも大事で、いや、乗っかっていける自分になることが大事なんだと思います。

50代半ばくらいから、今は若い人たちが輝く時間だから、それを立てて自分はちょっと引いたほうがいいんじゃないかなと、冷静に立ち位置を考えられるようになりました。諸先輩方からは、「ようやく気づいたんかーい」ってツッコまれそうですが。

笑いには時代の流れがあって、新しい才能にあふれた人たちも次々と出てくる世界ですから、どうしたってその勢いには勝てないし、それに無理して突っ込んでも流れを壊すだけ。若手が作り出すこの時代の笑いを一緒に面白がることが大事。決して迎合するわけではないけれど、年を経たら経たなりの気の遣い方が求められます。

その点、所ジョージさんは上手だなぁって思います。淡々と自分のやりたいことをやりながら、若い人の笑いもちゃんと尊重して、ケタケタと笑っている。ビートたけしさんや明石家さんまさん、鶴瓶師匠もそうです。

たけしさんなんて、一緒にご飯を食べに行くと、「あいつらの漫才、面白いな」と、いつも楽しそうに話しているんですよ。たけしさんご自身が論理的に笑いを作ってきた方だから、なぜ面白いか、感覚だけでなく論理立てて説明してくれるんです。そうやって若い才能をちゃんと認められるってかっこいいよね。

年をとると立場もキャリアを重ねてきた自負もあるから、自分たちのやり方を通したくなってしまうもの。でも、今はこの人がメインだって思ったら、サッと一歩後ろに下がる。そして、ここだって思ったら機を見て入っていく。偉大な先輩たちはそのへんの余裕や間合いが絶妙なんですね。先輩方の背中を見て、めちゃくちゃ勉強させてもらっています！

これって笑いに限らず、人生においても若い人たちを大事にするって大切ですよね。

年寄りは後輩にイジられてナンボ！

私って、プライベートでもテレビに出ているときのようなテンションでしゃべっているイメージですか？　実は、全然違う。劇団員たちと飲むときにも、後輩たちがしゃべっているのを「そうなんだー」って聞いているタイプです。それだけで十分楽しいんですよ。またこう見えて（？）天然なので、たとえば「破竹の勢い」を「家畜の勢い」と間違えたり、軽井沢にロケに行ったとき、その土地の優雅な雰囲気から「駐車場」なのに「馬主車場」と勘違いしたり……、やらかしてしまうことも多いです。

そんな私に対して、後輩たちは容赦なくイジってきます！　劇団って体育会系だから、普段はきちんと上下関係をわきまえていてちゃんと先輩を立ててくれる。だけどひとたび私が油断すれば、後輩たちは酒の席で「酒注げよ」とイジってくるんです！　私も「お前は誰に言ってんだよ～」ってツッコみながら笑っちゃいますね。時に後輩たちに料理をせっせと取り分けているなんてことも。とんだひどい扱いです。あはは。

ある日、店で飲んだ帰りに、後輩たちが我が家に泊まりに来たことがありました。「みんな、もうちょっと飲むでしょう？」と誘ったのは私だけど、お酒とツマミを用意していたら、なんと全員爆睡！　これには「おいっ！」ってずっこけました。翌朝、「なんで寝てんだよー！」って文句を言ったら、「姉さんが店で寝落ちするほど飲ませたんだろー」と……。そう言われたら、「おっしゃる通りです」と言うほかありません、はい。

〝飲みニケーション〟ができることって本当にありがたいですよね。飲んでイジってくれるなんて、最高じゃありませんか。仕事面でも、私は年をとったら、〝イジられてナンボ〟って思っているところがあります。偉い人風を吹かせて、「イジりづらいよね、あの人」「絡みづらいよね、あの人」って言われるようになったら、終わりだなーっと。

この間、クイズ番組に出演したとき、チームリーダーだった私は不正解を連発していたんです。それもどうなんだって話ですが、最後の最後に私が正解を出したら、一緒のチームだったマヂカルラブリーの野田くんが番組終了後、楽屋口で「もー、初めて信頼しましたよ。今日ちょっとだけ見直しました」ってツッコんでくれたんです。これは嬉しかったなぁ。「ちょっとだけかい！」って笑って返しましたけど、後輩から愛情をもってちゃんとツッコんでもらえるほうが、「イジりづらい」と思われるより、ずっと居心地がいいんですよね。

実際、大阪の番組に呼ばれて、先輩に挨拶に行くと、「頼むでー、イジってやー」と言われることが多いこと多いこと。だけど、そうしたコミュニケーションって本当に大事だなと思います。

案外、皆さんの近くにいるお年を召した方たちも、イジってほしいと思っているんじゃないかな。そんな風に久本が言うからと、実際にイジりまくってみたら、冗談通じなくてキレられる可能性もあるので、誰彼構わずやるのは危険です。ご注意を！　はい。

ほっとする間柄も大切にする

若い世代の活躍を時にまぶしく感じたり、時に頼もしく感じたり。乗りに乗っている世代から、刺激をもらうことは多いし、やっぱりワクワク感もある。でも、同世代の人と顔を合わせると、なんだかほっとしている自分がいます。

先日も、東野幸治くんとエレベーターに乗り合わせたときに、「久本さんと一緒だと、なんかほっとするわ！」と声をかけてくれて、こちらもほっとするやら、嬉しいやら。勝村政信くんとも番組で一緒になり、「かっちゃん、ほっとするわ〜」と言ったら、同じように「ほっとするわ～」と返してくれたこともありました。

時代ごとに面白いと感じる空気感があって、同世代はそれをなんの説明もなく共有できる感覚があるからなんでしょうね。「ほっとする」という一言で、お互いの気持ちが十分に伝わってきました。

次世代の成長や活躍を喜ぶ一方で、同世代の人たちと「やっぱりラクだよね」「俺たち、私たちのノリって、やっぱり〝昭和〟だね」なんて話していると、肩の力が抜けて心地いいもんですよね。この感覚って、芸能界だけではなく、どの業界、どの会社にもあるんじゃないかなぁ。若い子たちのよさを引き出しながら成長していく姿を温かく見守っている上司の方々、共感していただけるんじゃないでしょうか。

たけしさんからもらった大きなヒント

「あれ、今日スタッフさん女性だけ？」って日もあるくらい、カメラマンに音声、ディレクター、脚本家、映画監督においても、業界に女性の方がすごく増えてきました。

女性の進出という点では、昔の芸能界とは雲泥の差。私がテレビに出始めた頃は、女性のお笑いタレントは数えるほどしかいなかった。だけど男社会の中で揉まれてきたとはいえ、女性だからといって差別されたことも幸いなかったし、ことさらそこを意識したこともあんまりなかったな。

改めて性差について考えると、女性はメンタル面で強い方が多くても、やっぱり体力面では男性には敵わないなって思うことが多いですよね。それに相対的に男性は社会に対してのキャパシティが広い。一方で、女性は細やかだし、気遣いもある。そんな風に男性も女性も双方のいいところを生かして、面白いものが作れるのが理想だなぁ。

そうそう。5年ほど前に、ビートたけしさんと食事をさせていただいたとき、「女のお笑いには何が大事ですか?」と聞いたんです。そうしたらたけしさんが「振り子の原理」だとおっしゃったんです。

「女性であるべき」「女性だからこそ」「女性を捨てること」。この振り幅が広ければ広いほど面白くなると。

このさじ加減はとても難しいけど、たけしさんのこの言葉が今も大きなヒントになっているし、課題にもなっています。きっとこれも、一般社会で女性が働く上での参考になるんじゃないでしょうか。

憧れのキャリアウーマンの大先輩

今の60代や70代ってすごく若々しいですよね。「あんな風に年を重ねられたら」と憧れる先輩が芸能界にもたくさんいらっしゃいます。その中でも、私の憧れのおひとりさまの先輩といえば、ダントツ黒柳徹子さんです！

80代になられた今も、すごくいいスタンスでお仕事を続けている。80代でなお現役であり続けられるのって、絶大な魅力があるからですよね。あの姿こそ働くシングル女性の理想の姿だと思いませんか？

知識の量も並外れて豊かだから、『徹子の部屋』（テレビ朝日）で俳優、音楽家、芸人、政治家まで、さまざまな世界のプロフェッショナルを迎えても対話が成立する。人間力のすごさをまざまざと感じますし、唯一無二の人だから年齢を重ねても求められるんでしょうね。

『徹子の部屋』に出られるというのは、その世界で「認められた」証になりますから、本当にすごい番組だし、すごい方です。私も学生の頃、なぜか『徹子の部屋』に出たときのために、三面鏡に自分の顔を映して、ひとりふた役で徹子さんと会話をする練習をしていました。だから、憧れの番組に初めてゲストで出演させていただくことが決まったときは、もうめっちゃくちゃ嬉しかったですよ。出演したのは3～4回ぐらいですが、どの回も私にとっては宝物のような思い出です。

私もちびっこから大人まで虜《とりこ》にする、徹子さんのような80代を目指すぞー！

目指すは、やっぱり生涯現役

私の人生最大のテーマは「生涯現役」です。これはワハハ本舗を立ち上げた頃から変わらず持ち続けている目標。

舞台女優として歩み始めたものの、私には「帝国劇場に立ちたい」「明治座で公演ができる女優になりたい」という夢はほとんどなかったんです。それよりも、生涯現役でオファーをいただきながら、皆さんに喜んでもらえるエンターテインメントを提供し続けていきたいとずっと願ってきました。

先日、くりぃむしちゅーの上田くんの番組に出させていただいたときに、「そういえば、お笑いの女性でＭＣって今、久本さんぐらいしかいないんじゃない？」と言われたんです。くぅ〜！　嬉しいこと言ってくれるよね。でも、同時に身が引き締まりました。時代とともに求められる立ち位置は変わり、仕事自体もこれからどう展開していこうかと考えている時期だったからです。

私の尊敬するたけしさんと所さんは、おふたりとも若い頃から今まで、レギュラーのお仕事の本数がほぼ変わっていないそうです。ある日私は、どうしたら長寿番組が持てるのか、おふたりに尋ねたことがありました。すると、たけしさんは「お客さんに喜んでもらえることを考える視点が大事」、所さんは「お客さんを裏切る視点も大事」と答えたんです。

お互い表現方法は違っても、喜んでもらうことも裏切ることも、お客さんに楽しんでもらうことが一番！　同じことをおっしゃっていると思います。おふたりとも両方の視点を持って仕事に臨んでいらっしゃる。

こうした人生の先輩であり、芸の高みを歩いてこられたおふたりのそんな言葉を大切にしながら、この先70代になっても80代になっても、求められ続ける人でありたい。そのために、何を選び、どう楽しんでいくのか。よく考えて、質のいい時間を過ごしていきたいですね。

いつかはこうなりたい

「生涯現役」を目指す私が、こんな風になれたらなぁと思う先輩はたくさんいらっしゃいます。たけしさん、所さんもそうですが、タモリさんも外せない！

『ブラタモリ』（ＮＨＫ）や『タモリ倶楽部』（テレビ朝日）のように、タモリさんは自分の好きな分野で、好きなことをやって番組が成り立つんだから、本当に羨ましい限り。70代になったタモリさんの活躍ぶりを目の当たりにしていると、あんな風に好きなことだけをして、年を重ねられるなんて理想だなって思います（好きなことだけをしているわけではないかもしれませんが）。

そして、何と言っても私の憧れの存在である黒柳徹子さんのように、息の長いトーク番組を持つことも、私の大きな目標。長年、『メレンゲの気持ち』（日本テレビ）で司会をさせてもらってきたけれど、やっぱり人の話を聞くのが好きなんです。これから年を重ねても、ゆったりと対話ができるようなトーク番組を持ちたいというのが、今の私の願いです。

40年間、この世界で本当にいろんな仕事をさせていただいてきました。それでもまだいつかはこうなりたいと夢を見られたり、夢を語ったりできるのは、素敵なことだし、幸せなことだよね。

第4章

ひとりにしみる「家族のありがたみ」

このふたりが一番の応援団

「家族のために頑張ります」——。今までこんな発言をしたことはなかったけど、時が経つにつれて、「ほんまに家族って私の心の支えであり、いい家族やったんやな〜」としみじみと感じるようになりました。22歳で大阪の実家を出て上京したので、離れて暮らしている時間が長かったから、余計にそんな風に感じるのかもしれません。

生前の母にとって、ひとり暮らしをする私がちゃんと食事できているかは、大きな心配事だったようです。上京したてで生活がまわらない頃は、お金だけでなく、お米や野菜などをしょっちゅう送ってくれました。隙間なくいろんなものを詰め込むために、ティッシュペーパーや生理用品なんかもぎゅっと入っていたのも懐かしいなぁ。

帰省したときに、何か精のつくものを食べさせてやりたいというのも親心ですよね。あるとき、実家で出迎えてくれた母が私の体を見るなり、「雅美、こんなに痩せてしまって。うなぎ食べに行きましょう！」と父に言ったんです。だけど実は、実家に帰る新幹線の中でサンドイッチを食べていたので、全然お腹空いてなかった。でも母の気持ちを考えると「食べてきたよー」とは言えず、なんとかうなぎを食べたんです。とはいえ、もともと食が細いほうなので、ちょっとでお腹いっぱい。食べられない私を見て母は、「かわいそうに、胃までちっちゃくなって……」とポロポロと泣き出してしまった！ なんだか大ごとになってしまい、サンドイッチのことは言い出せなくなりました。

また、実家からひとり暮らしの家に戻ってかばんを開けてみたら、ウイスキーのボトルがトレーナーに包まれて入っていたことも。手紙に「いただきもののウイスキーだけど、寒い日にはこれを飲んで体を温めなさい」って。いつも「お酒なんてダメよ」とか「飲み過ぎたらダメよ」と心配する母が、どんな気持ちでこれを入れてくれたんだろうと考えると、親不孝していると、胸が痛くなりましたね。正直、「温まり」っていうなら、ストーブ買ってほしいなと思っていたことは内緒ですが。

そんな風に振り返れば振り返るほど、親のありがたみが身にしみます。「時が経てばわかる」とよく言うけれど、その通りだなぁと。ちなみに私が家を出た後も、母は毎日、私のぶんのご飯やおかずを食卓に並べていたそうです。「私、死んだ人みたいやん！」と笑ってツッコみながらも、親の愛は海より深いって本当だなぁとつくづく思ったのでした。

お母ちゃんの血とお父ちゃんの血

私が上京した際に、母が私に手紙で伝えてきたこと。
1、「野菜を食べること！」
2、「絶対に借金をしないこと。もし、借金をするような状況になったらお母さんに連絡してください。変なローン会社とかには借りないで！」
3、「麻薬に手を出さない！」
ワイドショーで、大麻が話題になっているのを見て心配になったんでしょうね。「麻薬なんてどこで売っているのか、わからへんわ！」と娘は笑っていたわけですが。母にとっては、東京は怖いところというイメージがある上、娘は将来が見えない劇団員。心配でたまらない気持ちだったんだろうね（泣ける）。

そしてもうひとつ、「困っている人がいたら助けなさい」「和を大事にしなさい」と、よく言われました。「実るほど、頭を垂れる稲穂かな」という言葉を何回言わされたことか！マジで、何百回と唱えさせられていますよ。そんな風に、保育園の先生で、ボランティア活動にも積極的だった母からは、人に対しての気遣いを徹底して教えられました。

一方、父の性格を形容するなら、ほんまにおもろい人！　ある日は「友達が遊びに来ているから」と言っているのに、近所のドブさらいをした汚い格好のまま「あー、よう来たな」と挨拶に来るので、「お父ちゃんやめてー」ってもう恥ずかしいのなんの。別の日は、本来は運送の仕事をしているはずなのに、突然道端で金魚を売っているところに遭遇。「何してんの？」と聞いたら、「金魚売っているおっちゃんがおしっこ行きたい言うから、手伝ってんねん」と。……なぜそうなるのか。頭の回路がおかしいとしか思えません（笑）。

また、あるとき、毎日あんまり帰りが遅い日が続くので、母が父の浮気を疑い出したんです。そこで母が父に何をしているのか思い切って聞いてみると、なんとひとり暮らしのおじいちゃんやおばあちゃんの話し相手になっていたんです。浮気じゃなかったんですね。ちなみにこの話は黒柳徹子さんが大好きで、『徹子の部屋』でも毎回振られて、少なくとも2回は話しています。

しかし、まあ、こう振り返ってみると、父の賑やかな性格と母の真面目な性格。紛れもなく私はふたりの子ですね。

□うるさいのは愛情の裏返し

反抗期、私もありました。10代の頃はよく母と喧嘩をしていましたよ。うちは門限があったから、友達の家に遊びに行っても、早々に帰らないといけないのが不満だったんです。最初のうちは夜7時までには帰ってきなさいと言われていたけど、私は勝手に決められて腹立つなぁって思ってたから、いつしか平気で破るように。すると門限が8時に延びたものの、それも破る。さらに10時になっても守らなかったら、最後は「今日中には必ず帰ってこい」となりました。友達の家に泊まりに行ったときも、必ず電話をかけることが約束。それくらい、母は不肖の娘が心配だったんだろうね。

高校生の頃は流行に合わせて制服のスカートを短くしていたら、クリーニングに出すたびに、母がそれを元に戻してしまう。私も負けずにまた短くするから、もう戦争でした!! ある日、絶対に反対されるだろうと思ったので、母には何も言わず、パーマをかけてソバージュにしてこっそり帰ったことがありました。翌朝、目を開けてビックリ！ 枕元にハサミが置いてあるんですよ。私が寝入ったところに母が置いていったんだろうね。しかし、あぶないし、怖いよって話です。

ピアスを開けたときのリアクションもすごかった。これも隠していたのに見つかってしまって、「嘘でしょ……嫁入り前の体に穴を開けて、お父ちゃんに怒ってもらいましょう」と母の怒りが爆発！　だけど私の耳をじーっと見ていた父は、「おう、オシャレやのう」と、思いがけない一言。これには救われました〜。

古着の話も忘れられない。短大時代は、かわいくて安いものがいっぱいある古着にハマってたんです。でも、母の考えでは、古着は絶対にNG。穴の開いているジーパンをこちらは「めっちゃいい！」って思っているのに「絶対にやめて」と言うんです。とはいっても、私が何もなしにやめるとも思ってないから、ある日母は、「そのジーパンを私に売ってちょうだい」と、金で釣る作戦に出た（笑）。私も500円で買ったジーパンを2000円で買ってくれるならラッキーと、それに乗ったんです。だけど、そのジーパンを気に入っていたから、やっぱりはきたくなって、母が隠しそうな場所をゴソゴソと探って、こっそり手元に戻しました。ある日、そのジーパンをしれっとはいていると、それに気づいた母が「え、そのジーパン私が買ったやん!!」と。そこからまた喧嘩になりました。

ただ、短大入学後にアルバイトを始めたことで少しずつ自立心も芽生えて、いつしか反抗期も終わりに。20代に入ってすぐ親元を離れることになったので、私がいなくなったあと母は、「雅美は最初の子やから厳しくしすぎちゃった」と妹に話していたそうです。実は妹のほうが母とウマがあっているなと思っていたので、これを聞いた日には泣けました……。今となっては、母の口うるささが、精一杯の愛情の裏返しだということもわかる。

当時、気づけなくてごめんね、お母ちゃん！

しつけはマナーとして生きてくる

子供の頃は愛情の裏返しなんて、わからないものですよね。でも、母のしつけが厳しかったから、自然にマナーやエチケットなどを身につけられたのだと、今ではとても感謝しています。態度や立ち居振る舞いは、一朝一夕で身につくものではない。だから、この年になって、母が恥ずかしくない振る舞いを教えてくれていたことが、無駄ではなかったんだとわかって、心からありがたく思っています。

父は滅多に怒りませんでした。けれど、怒ったときはめっぽう怖い。典型的な昭和の親父です。一年に一度あるかないかのお父ちゃんからの大目玉で覚えているのは、私の態度が悪かったときのこと。

母から怒られて、腹立ち紛れにドンドンドンッと物に乱暴に当たりながら部屋に戻ったら、「何してるねん！　物に当たるな！」と、怒鳴り込んできた父から、厳しくお灸を据えられました。自分のしたことを人や物に八つ当たりすることを許さない。お父ちゃんのここ一番のしつけでしたね。

「ありがとう」が飛び交う家族

大阪人の気質なのか、久本家特有だったのかはわかりませんが、私の家族にはお互いに「ありがとう」と言い合う習慣がありました。一昨年、父の葬儀に参列してくれた友達が「一番感動したのは、みんながありがとうって言い合っていたこと」と言ったぐらいです。

我が家では当たり前のことなのでそれまで全く意識することがなかったけど、確かに子供の頃から「ありがとう」の多い家族だった気がします。たとえば、「お母ちゃん、お風呂先に入るよー、ありがとうなー」「お父ちゃん、お餅焼くけど何個食べる?」「2個食べる、ありがとう」「ほんなら2個焼いとくな」「うん、ありがとう」というように。

人から何かをしてもらったときに「ごめんね」と言うこともあるけど、久本家では「ありがとう」と口にするほうが圧倒的に多い。それほど、自然でした。

口にしなくてもわかってくれると思う相手だからこそ、相手に甘えて感謝の気持ちを言わずに済ませてしまうことってよくあるよね。けれど、親しき仲にも礼儀あり。いや、親しき仲にこそ礼儀ってとても大切なんじゃないかなぁ。「ありがとう」を口癖のように言い合っていた家族の一員でありがたかったなと、今、改めて感じます。

プレゼントは日頃の感謝の表れ

久本家では、私が小さかった頃から、家族全員が互いの誕生日や、父の日、母の日などの特別な日に、プレゼントを贈り合うのが習慣です。両親が亡くなってからも、弟夫婦や妹、甥っ子家族、姪っ子と、折に触れてプレゼントを贈り合っています。

特別なことをしているつもりは全然ないんです。いつも支えてくれることに対して、感謝の気持ちを押しつけがましくなく形にできるのって、記念日くらいしかないじゃないですか。

何より、一年に何度か「去年の誕生日は財布にしたから、今年はバッグにしよう」とか「今年は洋服にしよう」とかいうように、相手のことを考える時間を持てることが、とても嬉しいんです。この習慣は、ずっと続けていけたらいいなぁ。

親の第二の人生には口を挟まない

町の人気者で、いつもアクティブに動きまわっていた父は、母に先立たれた後も、旅行に行ったり、食事をしたりと、町内会の人たちに囲まれて何かと忙しく過ごしていました。その仲良しメンバーのひとりだった女性とは特に親しくしていたようで、私の舞台をふたりで観に来てくれたことも。

ある日、妹が「お父ちゃん、あれ、彼女やったん？」と聞いたら、父は「うん！……あっ！　言うてもうた！」と。どうやら父は秘密にしていたかったようですが、あっさりと白状してしまったんです。その後も仲良くしていたそうですが、残念ながらしばらくして、相手の方が引っ越しされたことで、お付き合いはおしまいになりました。

高齢になってからの交際については、さまざまな意見や賛否があると思う。でも、子が親の過度な干渉を嫌がるように、あまり心配しすぎてあれこれ口を出すのもよくないなと。だって、残り少ない親の人生、心の支えや拠り所とまではいかなくても、楽しいことを分かち合える人がいるのは、心の健康を保つためにとても大事なことじゃないですか。だから私たち子供は、晩年の父にそんな存在がいてくれたことをとてもありがたく思っていました。

それにしても、「あっ！　言うてもうた！」というリアクション。なんともお父ちゃんらしいほほえましいエピソードです。

笑いが絶えない父のお葬式

父が亡くなったのは、２０１９年のこと。たまたま大阪で仕事があり、実家に帰っていたときのことでした。近くの施設で暮らしていたお父ちゃんを見舞ってから、実家に戻り寝ていたら、明け方5時くらいに弟が「お父ちゃんの様子がおかしい」と施設から電話が入ったと言うんです。すぐさま家族で施設に駆けつけると、父はもう亡くなっていました。

当時の父は足腰も弱っていて、ぼーっとしている時間も長くなってきていました。

いつ逝ってもおかしくない状況だったので、覚悟もしていた。だから、亡くなったときも取り乱すことなく、「お父ちゃん、お疲れー！　ありがとう」と明るくお別れが言えました。

当初は家族葬のつもりで用意していたけど、親戚や友人も集まってくれ、賑やかなことが好きなお父ちゃんらしい葬儀になりました。象徴的だったのは、喪主を務めた弟の挨拶。弟は「民謡の名取だった父は、『お立ち酒』を歌えなかったことだけが、心残りだったと

思います」と言いました。『お立ち酒』とは、娘を嫁にやる父の心境を歌った民謡のこと。要は私も妹も独身なので、花嫁姿を父に見せてあげられなかったことを遠回しに言ったんです。この言葉を聞いた私と妹は、「ああ、花嫁姿見せてやれなかったなぁ」と後悔するどころか、祭壇に向かって声を合わせて「どうも、すんませーん！」と一言。会場中がドッカーンと大爆笑でした！　弟もそうなることを狙っていたのですから、まさに息ピッタリの3姉弟です。

おかげさまで、ご近所や親族の人気者だった明るいお父ちゃんならではの、最後まで笑いが絶えない葬儀になりました。

親の死の受け入れ方

両親の死。誰もが経験することですが、これればかりは受け入れるまでに時間が必要ですよね。

私は、20代の頃から両親と離れて暮らしていたし、一年の間に会えるのもお盆や正月の数日ぐらいだったから、母が亡くなったときも父が亡くなったときも、そこまで大きな喪失感に襲われるということはありませんでした。

ただ母が亡くなった後、「あ、かぼちゃの煮物ってどうやって作るんだっけ？」「御香典ってどのぐらい出せばいいんだろう」と、ふとした瞬間に母の顔が思い浮かぶ。当時は今のように携帯電話でなんでも調べられる環境ではなかったから、人には聞きづらいことを母に聞いて教えてもらっていたんです。そうやって思い出すたびに、「ああ、お母ちゃんはいなくなったんだなぁ」って、亡くなったことを実感していきました。

ただ信号待ちをしているだけなのに、急に思い出してブワーッて涙が止まらなくなったり、「さぁ寝よう」と横になった途端に急に悲しみがやってきたり。きっと寂しさは、そのときすぐに湧き上がってこなくても、何気ない瞬間に襲ってくるものなんでしょうね。経験上、やはり肉親の死を乗り越えるのには、時間がかかるものだと思います。

ただ、母や父の死にとらわれて前に進めないまま止まってしまったら、一番悲しむのは親だと思うんです。だから、乗り越えるための時間は必要だけれど、前を向いて進んでいくという気持ちは持っていたい。いつかは乗り越えられるときがくる。もし悲しみのさなかにある方がいたら、そう思って、どうか気を落としすぎないでくださいね。

きちんと生きることが最高の親孝行

4年間の闘病の末に67歳で亡くなった母も、88歳まで健やかに生きた父も、最後まで生きて、生きて、生き抜いてくれました。亡くなった今も、ふたりは厳然と私の心の中で生き続けています。

生きているうちに、あそこに旅行に連れていってあげたかったなとか、おいしいものを食べさせてあげたかったなという思いはもちろんあります。

心残りがあるぶんだけ、残されている私たちにできることも必ずあるはずです。それは、何があっても負けずに自分らしく生きること。そして人や社会のために貢献していく大きな生き方。そんな自分を通して、周りの人から「ああ、いい父親、いい母親に育てられたんだな」「ここの家の子育ては間違ってなかったんだな」と思ってもらえるかもしれない。自分らしく輝きながら人生を生きることが、最高の親孝行で最大の恩返しであり、最大の供養にもなると思うんです。

別れの寂しさや会えない寂しさは、すぐに消えるものではないですよね。でも、私たち子供の生き方を父も母もきっと見てくれていると思う。今でもそばで見守ってくれていると信じています。

たとえ両親が亡くなっても、いくつになっても、いつからでも親孝行はできる。そう信じて、私自身も生きている限り、頑張って生きることで、親孝行を続けていくぞー！

第5章

ひとりゆえに「友情は宝」

友達とはお互いの幸せを祈りあえる存在

私にとって友達とは、時に愛情を持って、時に愉快に、時に厳しく……と挙げ始めたらキリがないほど、人生を豊かに彩ってくれる存在です。だから、どんなに仕事や劇団の稽古が忙しくても、友達と会う時間は大切にしてきました。

「私は人見知りだし、ひとりで生きていくんだ」と思っていても、人がひとりで生きていくことなんて絶対にムリ。誰もが誰かに支えてもらっているということがわかるだけでも、人と出会うことって無駄じゃないと思うんですよ。

今までの出会いがあるから、何かあったときにお互いに駆けつけたり、助けたりすることができる。何が嬉しいって、必要とされているって感じることほど嬉しいことはない。お互いの幸せを祈りあえる。お互いにとってなくてはならない存在になっていく。友達が人生を豊かにしてくれているなって、日々感じています。

刺激を求めるなら男友達

遊ぶことに貪欲だった20代、30代は、圧倒的に男友達と飲み歩くことが多かったです。当時、よく一緒に行動していたのが、みうらじゅんと今は亡き放送作家の加藤芳一。彼らの共通点は、常に面白いことってなんだろうと考えていること。いつもベロンベロンに酔っていたからはっきりとは覚えていないけれど、「あれ、面白いよね」「あれってくだらないよね」などと話しながら、彼らに触発されたり、教えられたりしたことがたくさんありました。

時効となった今だから白状すると、同じく悪友だった嘉門タツオに「弟子にしてください！」といたずら電話をしたこともありましたっけ。「俺に弟子にしてくださいって電話が来てさ～」と嬉しそうに話すもんだから、大笑いしました。とにかくやんちゃだったなぁ。

みうらじゅんとは、仲間と連れ立って旅行したこともありました。その旅先の宴会中、誰かがパンツを脱ぎ始めたんです。それを見て、負けられないと対抗心を燃やした私は、次の間に行ってスタンバイ。みうらに「お猪口《ちょこ》を持ってきて」と用意させて、お猪口で大事な部分を隠して、襖を開けさせて登場……なんて、若気の至りだね。

役者仲間ともよくつるんで飲んでいました。飲みに出ると、古田新太や池田成志、田口トモロヲなど、誰かしらとばったり会って合流する。古田と成志とは舞台で共演したとき に毎日みんなで飲んでいて、最後まで残るのが私と成志と古田の3人。さらに古田と私になり、ふたりで朝までいるのがお決まりのコースでした。

酔っぱらっていたのであんまり覚えてないのですが、ある日、古田と深夜まで飲んで終電を逃すと、「タクシーに乗るお金はないから、ラブホに行くしかないか」と言われました。私が男と女を気にして「何もせえへん？」と聞いたらしいんですね。すると古田は「誰がするか！」と。私はちょっと前まで貞操を心配していたくせに、ラブホに着くやいなや、「ごめん古田、お風呂にお湯溜めといて」と言って、そのまま爆睡したそうです！

何もなかったとはいえ、劇団のみんなには誤解されたくないから「泊まったことは内緒ね」と言い残して先にホテルを出て稽古場へ行ったら、みんなが「古田とホテルに泊まったらしいじゃん」とゲラゲラ笑っている。あの野郎、すでにしゃべっていたんです！

「何もしてない！」と即否定したのですが、「隠すのが女だね～」とからかわれる始末……。みんないたいけな乙女を面白がって笑ってたなぁ。あ～恥ずかしい。

そんな感じで男友達から女として見られることはなく、毎晩のようにハチャメチャな遊びを繰り広げていました。こちらも恋が芽生えればいいなというスタンスではなく、面白いことはないかと思って接しているので、色気が感じられないんでしょうね。とほほ。ちょっと悲しくはありますが、色恋のない純粋な男友達から受ける刺激は、仕事にめちゃくちゃいい影響を与えてくれました。バカなことをとことんやってのける面白さや、女性とは違った角度からの意見の交わし合い、男友達が発散するあり余るエネルギーが、自分の刺激となり、パワーにもなっていました。それくらい、若い頃の男友達のエネルギーって格別だった。

ちなみに、仲良くしていた男友達の彼女はみな、恋人が私と出かけることを知ると、屈託なく笑顔で送り出してくれたそうです。女性から見て、恋人や旦那が女友達と会う際に、「ああ、取られそうで怖い」というタイプの女性と、「あ、どうぞ行ってらっしゃい！」と言えるタイプの女性がいますよね。私の場合は断然、後者なんだよね。女としては嬉しいような悲しいような……。あ〜あ、フェロモンってどこで売っているんだろうね？

昔貸した金は、あえて返してもらわない

当時、夜な夜な遊んでいたメンバーは、みんな貧乏でしたねえ。古田とラブホに行ったときも、あいつの財布には札なんか全然なくて、入っているのは居酒屋のサービス券だけ。温水洋一なんか、テレビで売れ出していた私のところにお金を借りに来たこともありました。「久本さん、すいません。2万円貸してください」と言うので、「ええよ」と貸したんです。

その後、彼が有名になってから、ある番組で「久本さんに借金をしているので、お金を返したい」と言ってきた。だけど私は、「返さないでくれ」と断ったんです。別にあいつと絶縁したかったわけじゃありませんよ（笑）。返してもらっちゃうと、お金を貸しているという話ができなくなるから、あえてそうしたかったんです。いくつになっても、「温水、お金貸しているよね」「はい」っていう関係を続けられるのはお互いにネタとしておもしろいかなと。

だけど、よく考えると、あの頃つるんでいた古田も成志も温水も、当時からは考えられないほどの大スターに。面白いなと思うのは、下積み時代、誰も「いつかビッグになろう

ぜ！」とか「金持ちになる」というような話は一切してなかったんだよね。純粋に自分の芝居を追求し、身ひとつで時代を切り拓いて、世に出てきた。これって本当にすごいことだし、素晴らしいこと。今ではお互い忙しくなってみんなと会う機会もなかなかないけれど、それぞれの場所で昔の仲間が輝いていると、私も頑張らなきゃなって思う。

そんな側面もあるから、温水には申し訳ないけど、2万円をあえて返してもらわない関係、これからも一生続けさせてもらおうと思います！

女友達はいっとき離れても戻ってくる

若い頃は、刺激やエネルギーをもらえる男友達とやんちゃをしているほうが、女友達と遊ぶよりも楽しいし、仕事にも生きると思っていました。だけど、いつの頃からかなぁ……。年を重ねるごとに、女友達といると心底「あぁ、女がラクだなぁ」と思うようになってきたんです。

女性って、どうしても感情が先立つ生き物だから、20代、30代の頃は何かと張り合ってしまう。私も「自分のほうがダメだな」と相手と比べて、羨んだり、自己嫌悪に陥ったり。だけど、年齢を重ねてくると、昔抱いていたような思いが削がれていき、お互いが素直に認めあえる。友人の中には結婚している人もいれば、私のように長いこと独身の人もいる。共通するのはみんなそれぞれ必死に人生を歩んできたこと。月日が経つと、それがよくわかって相手を尊重できるようになるから、ゆとりをもってどっしりと「だよね〜」と悩みや愚痴を聞けるんですよね。我ながら、成長したなと。

そして何と言っても、女の子（私は最近、自分を女の古と呼んでいます）の究極の楽しみは、おいしいものを食べて、温泉に入ること！　だんだん、求めるものがシンプルになっていくのも、女同士が気兼ねなく付き合えるポイントなんでしょうね。

女の友情の形態は年とともに変わっていくものだけど、これが70代、80代になるとまた面白い！　そのぐらいの年齢になると、人の話を全然聞かない人が多い。あはは。柴田さんのお母さんと、かしまし娘の歌江姉さんが70、80代になってからのやりとりなんて、「いや、歌江さん、この間はこうでああで」「柴田さん、先日うちでね」ってな感じで、お互いに全く相手の話を聞いてなかった（笑）。自分の好きなことをしゃべり続けて発散するという、そばで見ているとめちゃくちゃな会話が奇跡的に成り立っているから摩訶不思議です。

年を経るごとに友情のあり方が変わってくるのかな。女同士って面白いし、やっぱ最高だよね！

すべては挨拶から始まるのかもしれない

ある日、仕事仲間の若い子と一緒にエレベーターに乗ったら、その若い子が途中の階でたまたま乗り合わせた知り合いでもなんでもない方に「おはようございます。いいお天気ですね！」と爽やかに声をかけたんです。とてもすがすがしい気持ちになりました。

何気ない会話のようだけど、エレベーターでたまたま乗り合わせた方にとっさに声をかけられるなんて。普段から挨拶が身についているってことだよね。気持ちのよい挨拶は、コミュニケーションの基本のキ！　さらにそこにプラスアルファの一言まで添えた、彼女の心遣いにこっちまで嬉しくなると同時に、尊敬しちゃうなぁと思ったのでした。

私自身、「挨拶は自分から笑顔で！」と心がけています。「おはようございまーす」だけでなく「今日はちょっとあったかいですね」「寒いですね」と、プラスアルファの言葉をかける心遣いって、なかなか勇気いりますよね。なんか気の利いたことを言ったほうがいいかなと構えちゃったりしているうちに相手が行ってしまうことも。だけど、別に奇をてらった言葉でなくても、心の通った一言を添えるだけで、さりげなく相手との距離を縮めることもできると思うんだよね。

まれにコミュニケーションが苦手だったり、極端にシャイだったりして、こちらから挨拶をしても返してもらえないこともあります。でも、それは相手の問題なので気にしない。一日の始まりは爽やかな挨拶から。自分も周りも気持ちいいし、いい一日になる。そんな積み重ねが幸せな人生になっていくよね。

友情はかなり「努力」が必要

大人になると生活環境がそれぞれ違うから、友情を続けていくのって大変なことじゃないですか。お互いにこの関係性を保ちたいという意思がないと、どこかで友情の糸は途切れてしまう。だからこそ、友情にはお互いが歩みよる努力が必要なんじゃないかなと思うんです。

私には、仲良くしているご近所さんが何人もいます。ただ単純に気が合うからということもあるんですが、いろんな人と出会うことで人生が面白くなる。外に目を向けてないと、視野が狭くなるし、人生も心も豊かになっていかない。そんな思いもあって、ご近所さんとの交流は大切にしています。コロナ前は年に何回か、こちらからご飯に誘っていました。もしかしたらこちらの予定を気にして、向こうからは声をかけにくいかもしれないから、「そろそろ夏だけど、冷たいビール飲まない？」とか「寒くなってきたから鍋でも行きませんか？」という風に。

子供がいるご家庭には、ロケ先でお子さんが好きそうなお菓子を買ってきて、お土産としてプレゼントしたことも。そうしたら、今度は差しあげた方が旅行に行った際にお土産を買ってきてくれて、そこで立ち話をするうちに少しずつ相手との距離が縮んで、交流が深まったこともありました。

たまに、どちらが誘うかにこだわる人もいるけれど、そこにとらわれるのはもったいないと思うんだよね。大人になるとみんな忙しいから「今度ご飯に行こうね」はなかなか実現しないし、友達もできにくい。でも、せっかく縁あって友達になりたいと思う人と出会えたならば、自分から声をかけてみる。さらにその人と関係を続けたいなら、自分から歩みよってみる。

大人だからこそ、お互いにちょっとだけ努力をする。そうやって気持ちのよい関係をこの先も続けていきたいなぁ。

裏切られても自分だけは誠実でいる

友達だと思っていた人から裏切られ、あんなに仲が良かったのに、なぜ？　と心が痛んだ経験をしたことがある人もいるかもしれません。

離れていくことを決めた人を責めたところで、その決断は変えられない。もし、仮に大切な人から裏切られたら、まずはちょっと深呼吸してみる。その上で、「自分は裏切らないぞ」と心に決めちゃう。自分が誠実に生きていれば、周りに誠実な人が集まってくると私は思っています。

悩んだときに相談できる友達

私は、自分ひとりの物差しだけで考えられることってたかが知れているような気がするんです。だから、人生の岐路に立ったときや、何か悩んだときには、話を聞いてもらい、助言をお願いする友達が何人かいます。

もちろん意見を聞いた上で、最後に決断を下すのは、自分にしかできないこと。でも、第三者の視点って、とても大事だと思う。これまでにもたびたび悩みが迷いに変わって、いつまでもどうするべきか決断できなかったとき、友達のアドバイスがひとつの突破口になったことが何度もありました。

悩みの種類によって、相談する相手は変わります。でも、全員に共通するのは、私の性格や考え方の悪いクセ、これまでの歴史などをひっくるめた私の〝素〟を知っているから、的確なアドバイスをくれることです。そして、優しく受け止めてくれた上で、時には厳しいこともビシッと言ってくれる。ほんまにありがたいです。

苦しくてもひとりで考え抜くことが必要な場面もあると思う。でも、ひとりで抱え込み過ぎて、病んでしまったら元も子もない。いざというときには、話を聞いてもらうだけでも救われるから、弱ったときに「ヘルプ！」と言える友達は、人生の宝だと思います。そんな友達たちをこれからも大切にしたい。そして、相手に「ヘルプ！」と求められたら、何をおいても駆けつけて力になれる人でいたいな。

一生の友達とは何か

息の長い友達といえば、柴田理恵もそのひとり。思えば、20代で出会ってから今日まで、40年来の付き合いになります。長いね〜。

若い頃にはふたりとも、負けず劣らず血気盛ん。お互いに作品への思いが強いから、演じる上でも譲れなくて衝突したこともありました。ワハハ本舗は本音ありきの劇団で、腹八分目ではなく、腹十二分目で付き合う仲間だから、傷つけあうこともあったし、腹を立てたことも。

けれど、互いに今は、それぞれの良いところも悪いところも知った上で、「コレ言ったら、柴田さん怒るだろうな」とか「コレ言ったら、久本は傷つくんだろうな」ということもわかりあう、まるで熟年夫婦のような関係です。

以前、「旦那と湯豆腐やるから来る？」と誘ってもらって「行く行くー」と即答すると、向かっている途中に柴田さんから連絡が。何かと思ったら「豆腐買ってきて」と。「湯だけ食べるつもりやったんかい！」とツッコみました。アハハ。

柴田さんとの印象的な出来事といえば、かつて、なぜか大きくなってしまった私の恋愛報道。週刊誌にお付き合いしている人と会っているところを撮られて、ワイドショーにも取り上げられました。

ちょうどそのとき、柴田さんは大阪のテレビ局のワイドショーに出演していて、この話題について面白おかしいコメントを求められたそうです。だけど柴田さんは「え、何が悪いんですか？」と真面目に反論。「あの子は、今まで仕事を一生懸命やってきて、彼氏ができたっていうのはすごくいいこと。彼氏がいて、何がいけないんですか」と言い切ったそう。すると、周りも「そうだな」と何も言えなくなったと。あとで本人から「こう言ってやったんだ！」と、ドヤ顔で聞かされました（笑）。

番組が求めていたノリとは違ったかもしれないけど、私が真剣に付き合っているのを知っていたから、ちゃんと答えてくれた。お互いをよく知っているからこそ、その場しのぎの発言はしない。柴田さんの友情を感じて泣けました。

ちなみに柴田さん夫婦の家には、私の部屋があるんです。彼女が家を建てるときに「久本が将来一緒に住める部屋作ったよ」と、設計図を見せてくれたんです。だけど、小さな窓しかないまるで納戸のような部屋。「こんなに頑張って最後は独房かよ！」って丁重にお断りしました！　こんな冗談かましてくるのも、信頼しあっている証拠かな（照れる）。

これからもよろしくね、柴田さん！

頑張る原動力になる地元の友達

生まれ育った大阪には、何年経っても付き合いの変わらない友達がいます。彼女らは中学校や高校、短大時代の友達で、いわば青春時代の私を知る人たち。お調子者で、人を笑わせるのが大好きだった学生時代。掃除の時間中、股にほうきを挟んで「イヤッホウ～」なんて騒いだり、「うさぎジャーンプ！」って言いながら白目を剝いて跳んでみたり……。私の痛い少女時代の目撃者です。

彼女らは「ヒサモ（大阪時代の私の愛称）がこんなに頑張っているから、私らが守らなあかん」とまで言ってくれる心強い存在。大阪の公演などで実家に帰るときには、必ず「ヒサモが帰ってくるよ」と連絡が回って、未だに集まってくれます。みんなほんまにいいやつで、「何食べたい？」「人目につかんところ行こか」「こんな店、見つけたけど行く？」と気遣ってくれる。そうして店を決めて「おかえり」「おつかれ」「かんぱい！」で会がスタートすると、一気に青春時代へとタイムスリップ。お酒を飲みながら、近況報告や昔話に花を咲かせ、楽しくてあっという間に時が過ぎていく。彼女らと会うと「やっぱり、ふるさとっていいなぁ」とじんわり温かい気持ちになります。

かつてワハハ本舗を旗揚げしたときも、みんなものすごく応援してくれました。以来ずっと、公演があると観に来てくれます。小さな小屋でしかできなかった頃のことも知っているから、１９９６年に初めて２４００人キャパの大阪厚生年金会館（現・オリックス劇場）で公演したときは、笑うよりも泣きながら見てくれた人のほうが多かったぐらい。「いや、こっちは笑いやってんだから」って言っても、「やーん、大きくなったなー」と声をかけてくれる。本当にありがたいことです。

逆に私が友達のためにできることってなんだろうと考えると、常に元気で、みんなに笑ってもらえるように頑張ることかなと思う。私の奮闘する姿が、少しでもみんなの励みになったら嬉しいな。そんな思いを胸に、「じゃあ、またお互い頑張ろうね」と手を振って大阪を離れるとき、短い時間でもすっごく心が満たされているのを感じます。みんな、いつも本当にありがとうね！

行きつけの店の人からもらうパワー

ひとり暮らしの醍醐味のひとつとして、外食を自由にできることも挙げられるよね。私の場合、おいしくて気に入った店には何度も足を運ぶので、店主さんやスタッフさんと友達になることもあります。

もう40年近い付き合いになる、中野の大和町にある「大和鳥」は、とにかく旨《うま》い！　そしてマスターの人柄も抜群！　この店のマスターとは20代の頃からの付き合いで、売れない頃からおいしい焼鳥とお酒を「出世払いでいいよ」と、大きな心で包んで励ましてくれた。今でもすっごくお世話になっています。

同じく中野のレンガ坂にあるめちゃくちゃおいしい創作フレンチのお店「ビストロ　トランク」のオーナー・スギちゃんは、ワインのチョイスも人柄もこれまた抜群にいい！　彼とは今や家族ぐるみのお付き合いです。

たまには代官山や恵比寿、目黒に足を延ばすこともあるけれど、ほとんどの場合、中野で事足りちゃう。どこもおいしい料理で心と体を満たしてくれるだけでなく、さりげなく個室や端っこの席をとっておいてくれて、リラックスして食事できるようにしてくれる。

本当に助けられています。

大阪に戻ったら、顔を出すお店も。30歳のときから大阪のABCラジオで番組をやっていたんだけど、放送が終わるのは深夜3時。そこから飲みに行けるお店を探していたところ、朝5時までやっている居酒屋「お食事処 一《はじめ》」を発見！ この店の「白味噌のどて焼き」と「スパサラ」は、お世辞ぬきで世界一おいしくって、ラジオをやっていた頃は毎週通っていました。

何年か前に「一」を訪れたところ、店のおかあさんから「昔、久本さんが『いつか新幹線のグリーン車に乗れるようになるわ』って言ってたの覚えてるよ〜」と懐かしい話が。私が「おかあさん、今やグリーン車で何往復もできるんやで〜」って笑って返すと、おかあさんは「よかったなぁ」と嬉しそうに笑ってくれました。

こんな会話ができるのも、長年のお付き合いがあるからで、昔から私のことを知っている店に行くと初心に帰れるし、実家のような居心地のよさがあります。一方で、私が大阪の舞台に立つときは皆さん観に来てくれたり、差し入れをしてくれたりと、すごくいいお付き合いをさせてもらっています。唯一の悩みは、大好きなお店に行っておいしい料理とお酒で心を満たされたいのに、時間がなくて寄れないで帰ってしまうこと。

おいしいものを食べながら仲間とワイワイする時間は、私の一番の楽しみ。さらにその料理を自分の好きな人が作ってくれるとあれば、ますますおいしく感じられるよね。家の近所だけでなく、大阪やその他の地方にも行きつけの店があるから、どこに行っても寂しくないし、それどころかおいしい料理と気持ちのいい接客でパワーをもらえる。

今はコロナ禍で、ささやかながら近所のお店でテイクアウトをして応援するくらいしかできないけど、普通の世の中になったら訪れたいお店がいっぱいあります。どうか行きつけの店でワイワイできる日常が早く戻ってきますように。

すぐに繋がれる時代だからこそ心がけていること

ガラケーが出回り始めた30代の頃、たまたま先輩と食事をしていたときに、女友達から電話がかかってきたことがありました。何度もかかってくるので出たら、「失恋をした」と。「ごめん、今先輩とご飯食べているから」と言っても、泣きながら何回もかけてくるんです。確かに失恋は辛いことだけど、こちらも先輩との時間なわけで、先輩に何度も

「すみません」と謝る羽目に。このことから、仕事でもプライベートでも、人と会っているときは、目の前の人やコトに集中するべしと、胸に刻むようになりました。

スマホに切り替わり、ＬＩＮＥでサッと連絡が取れるようになってからも、それは肝に銘じています。だから、緊急の場合など致し方ないケースは別として、会食や打ち合わせの際にスマホを触っている人を見ると、正直ちょっとイラッとしてしまう。大げさかもしれないけど、スマホに気を取られているのは、目の前にいる人をおろそかにする行為かなと思ってしまう。便利な時代だからこそ、気をつけなければいけないマナーだと思います。

本来の私は根っからせっかちなため、ＬＩＮＥやメールを送ってもらったら、すぐに返事しなきゃいられない性分。それに、人をお待たせするのは落ち着かないから、さっさと返してしまったほうが気分的にラクなんです。時にはあまり早いとかえって気を遣わせて悪いかなと、一瞬手を止めることも。だけど結局、気になって落ち着かないから、３分後には返事をしてしまう。

こんな感じだから、恋をしても、きっともったいぶったり、じらしたり、駆け引きしたりなんてことはできないんでしょうね。あ〜、いつかハートのスタンプを送る恋がした〜い（ペコリ）。

「体に気をつけてね」という言葉をかけてみる

友達と会って別れるときやLINEのやりとりを終わりにするとき、以前は「じゃあ、また今度ね」という言葉でバイバイしていました。それは特に意識したわけではなく、いわば定型文のように軽いもの。だけど最近は、「お互い体に本気で気をつけようね」という言葉をかけたり、「コロナで会えないけど、ご自愛ください」と書き足したりするようになりました。

コロナの影響はもちろんだけど、60歳を過ぎた頃くらいから、一日一日「健康第一」の言葉が現実味を帯びてきた。きっと同年代の友達も、同じように体力が落ちたなぁとか、無理がきかなくなったなぁとか、自分の体と向き合うことも多くなっているんじゃないかなと思うんです。

人間いつ何が起こるかわからない。あちこち体にガタがきている自分がいるから、本当に健康第一ってつくづく思う。年々「体に気をつけて」という言葉の重みが増しているのを実感しています。

大切な友達たちが、元気でいますように。そして、また元気に笑って会えますように。

「便りのないのはよい便り」と言うけれど、なかなか会えなかったり連絡がなかったりする友達にはＬＩＮＥをしたり、電話をしたり、手紙を書いたりしてみる。

こんな世の中だからこそ、ただ元気でいてくれるだけでいい。そんなことを、大切な人に伝えてみませんか？

第6章

ひとりで生き抜く「心の作り方」

比較するなら、昨日の自分と今日の自分

結婚している友達、していない友達、子供がいる友達、いない友達、仕事をしている友達、専業主婦の友達……。大人になると、そんなカテゴリーが自然にできてくる。異なるカテゴリーの人と付き合うと、他人と自分を比べて落ち込んだり、嫉妬してしまったり。どうしても同じカテゴリーの人との付き合いが中心になりがちですよね。

私自身、20代の頃は人と比較して、ないものねだりをしたり、「あんな風だったら幸せだろうな」「あの人みたいだったらよかったな」と羨ましがったりすることがありました。だけどあるとき、何気なく友達と電話をしていたら、「桜梅桃李《おうばいとうり》」という言葉を教えてくれたんです。「桃は桜になれないし、李《すもも》も梅にはなれない。花を咲かせる時季も違えば、咲かせる花も違う。だから自分らしい花を咲かせていけばいい。それぞれの個性を大切にすること」だと。「人と比べて落ち込んでいるなら、昨日の自分と今日の自分を比較したほうがずっと前向き」というその言葉を聞いて、ものすごく感動したんです！

他人と自分を比べるのではなく、自分らしく輝いていこうという信念があれば、物事への取り組み方も受け取り方も変わってくると思う。26歳の頃に聞いた、その宝物のような

言葉「桜梅桃李」は、今でも心の支えになっています。

真面目でおせっかいな自分が好き

私の性格を一言で表すとしたら……超がつくほどの真面目！　真面目な人が「よろちくび〜」なんて言うか⁉　という疑問はさておき、笑いに真面目に取り組んでいる点にかけては、誇りを持っています。そして、どんな人生の道を歩もうとも、最後は真面目が勝つ！　というのも、私の持論です。

その真面目さにつながっているかもしれないけれど、周りの人に何かあったらほっとけない性分でもあります。これは〝おせっかい〟とも言うね。

人を傷つけたり、寂しくさせたり、ひとりにさせたりすることが、とても気になってしまう。だから、私と関わった人が、そんな思いをしないように、その気持ちには誠実でありたいなと。もちろんできることには限界があるから、１００％心配りができているとは言えないんだけど。

私の周りには自分のことよりも他人のことを考えられる人が多いんです。そういう人に出会うと心から尊敬するし、私もこうありたいなぁと思う。何事に対しても真面目に向き合い、誠実に生きる。私の人生を作り上げてきた大きな要素です。

そうそう。テレビに出始めたばかりの頃、ＮＨＫのポスターの仕事をさせていただいたことがありました。そのキャッチコピーが「まじめでなければ面白くない」でした。私を選んでくれた人も相当チャレンジャーだったなって思うけど、これはとっても嬉しかったなぁ。

器の大きさとは、心にどれだけの人を入れられるか

信頼できる人の周りには信頼できる人が寄ってくる。どこか信頼の置けない人の周りには、同じように信頼の置けない人が集まってくる。〝類は友を呼ぶ〟と言うけれど、やっぱり周囲の人は自分を映す鏡なんだと思う。

だから、他人のことをとやかく言うのではなく、自分に対しても、他人に対しても誠実

に生きていたらいいんでしょうね。だって、どれだけ頑張ってみても、人を変えることなんて無理ですもん。だったら、自分がどうありたいかを考えるほうがずっと現実的だよね。

私がよく人生相談をする友達から、こんな言葉をかけられたことがあります。

「相手を尊敬できるかどうかではなく、自分がどんな人でも尊敬できるかどうかが大事なんだよ」

この言葉を聞いたときに、目から鱗が落ちました。でっかい人だなぁって。

その友達は、こんなことも言っていました。「心に、どれだけの人を入れられるかどうかが自分の器なんだ」と。感動しました。

私なんて、せいぜい数えられるぐらいしか入らないんじゃないかな。ちっちゃっ!!　だから、もっともっと自分自身を磨いて、たくさんの人を心の中に入れられる大きな人になりたいと、今日も自分に言い聞かせているんだな。

「逃げない心」を持っていたい

セクハラ、パワハラ、モラハラにとどまらず、最近ハラスメントという言葉を聞く機会が多くなりましたよね。

時代錯誤だと非難されるかもしれないけれど、劇団の世界は未だにハラスメントだらけ。特に私たちが若かった頃は、「死ね」とか「生きている価値ないんだよ」などと、辛辣な言葉を投げかける演出家もたくさんいました。そこで逃げ出さず、「くそー、負けるもんか」と乗り越えるのが、ザ・演劇道でもありました（あっ、うちの劇団はそんなことないですよ。時に厳しくはあるけれど基本的には温かい雰囲気の稽古場です）。

そんな時代を生きてきたからか、メンタルは鍛えられてきたはずなんだけど、この年になっても、新しい舞台が決まると、これ以上面白いことが出てこないんじゃないかと、毎回逃げ出したいような不安に襲われます。このネタは面白いのか、面白くないのか、とことんもがいて、追い詰めて、突き詰める。いつも最後はなんとか納得できるところまでは持っていくけど、台本を書いているときには毎回体に悪いことしているなぁと思います（笑）。

でも、みんなこの苦しみを乗り越えて、お客さんに喜んでもらうことで、その苦しみがすべて帳消しになる。思い通りにいかなくて苦しくなっても、やっぱり「お客さんに喜んでもらいたい」という信念があるから、逃げ出さずにふんばれるんだろうね。

私もそれを知っているからこそ、体がSOSを出していたり、正常な思考回路が働かないときは別として、「逃げない心」は持っていたいと思っています。

私の知り合いに、ヨーコちゃんという小学4年生のお孫さんのいるおばあさんがいます。以前お宅におじゃましたら「この写真を見て」と言われたんです。その写真には、教室に立つヨーコちゃんが写っていて、ヨーコちゃんの後ろには、子供たちが将来の夢や目標を書いた書道の作品が貼ってありました。「サッカー選手」「野球選手」「ファッションデザイナー」といった子供らしい夢が並ぶ中で、ヨーコちゃんが書いたのは、なんと「何があっても逃げない人」でした。小学生でこんなことが書けるなんて素晴らしくないですか!?

きっとヨーコちゃんをそんな風に励ましたり、そういう生き方をしていたりするご家族や周りの人がいるからなんだろうなと思いました。少女の心意気から、「逃げない心」の大切さを教えてもらった素敵な出来事でした。新しい舞台を作るたびに逃げ出したくなる私。私もヨーコちゃんの心を見習って頑張るぞー！

なんとかなるじゃなくて、なんとかしてみせる！

40年間仕事をしてきても、今日の仕事は上手くいかなかったなと思うことがあります。舞台では「なんかあそこイマイチだったな。どうしたら面白くなるんだろう」とか、テレビなら「なんであのとき、ああいうことしちゃったんだろう。なんでこうやっておかなかったんだろう」という具合に。たとえ観に来てくれたお客さんや視聴者の皆さんにはわからなかったとしても、自分の仕事のクオリティに納得がいかなければ、ズドーンと落ち込みます。

私の短大時代のあだ名は、なんでも人の3倍は気にし過ぎてしまう〝3倍ちゃん〟。それだけに、一旦落ち込んでしまった気持ちを切り替えるのは、得意じゃありませんでした。

若い頃は、上手くいかなかった日はお酒を飲んで「ははは」って笑い飛ばしたり、ドラマを観て違うことを考えたりして、自分の心をなんとか誤魔化そうとしていました。でも、心はずっと重いまま。カラ元気ってヤツだよね。もちろん時間が解決するということもあるけど、それを待っていられるほど余裕がない。なんとか頭を切り替えるために私が辿り着いたのは、人生には無駄なことはひとつもないと、腹を決めることでした。失敗も悩みも、上手くいかなかった仕事も、すべて意味があることだから受け入れようと、自分で自分を励ますんです。

そうやって心に力を入れて、気持ちを上げていく。そうしないと知恵も出てこなければ、元気にもなれないし、希望も湧いてこない。自分で自分をせっせと励まして「なんとかなる」じゃなくて、「なんとかしてみせるぞ！」という方向へ気持ちを持っていく。そうすると、上昇気流に乗せられる。自分自身の心との凌《しの》ぎ合いですね。そんな風に昔よりは心を早く立て直せるようになったから、今はもう〝パワー3倍ちゃん〟かな。

何がやりたいのか悩んでいるだけで正解

「自分が何をやりたいのかわからない」。若いときって、そういう悩みがつきものだよね。

かくいう私も今でこそ仕事が大好きで、何より大切という確たる気持ちがあるけど、前にも言ったように、最初からこの職業を目指していたわけではありませんでした。

私が若い皆さんに言えるとしたら、何がやりたいのかわからないって悩んでいるだけで、もう大正解！　だって、前に進みたいから考えているんだもん。「何がやりたいのかわからない」と思う時点で、何も考えていないよりも実になっているのだと、自信を持っていいと思いますよ！　そして、ちゃんと向き合って悩み抜いたら、やりたいことが見つかるはず。

だけど、自分が100％満足できる仕事に就くのはなかなか難しい。好きなことだけどお金にならないとか、お金は入るけど自分に向いているかどうかわからないことのほうが多いのが現実で、どの面をとってもパーフェクトに満足できる職業に巡り合うのは、本当に難しい。

だから、「ここじゃない」「もっと私を認めてくれるところがあるはず」と思っても、やみくもに転々としないで、今やっていることにきちんと向き合うことも大事なんじゃないかな。ここだと決めたら、なくてはならない唯一無二の存在になっていこうと腹をくくって踏ん張って、真正面からぶつかってみる。

私も20代で仲間とともに劇団を立ち上げたけど、最初から上手くいったわけではないです。いっぱい悩んだし、挫折も味わった。けれど、自分はこの世界で生きていくんだと腹を決めていたから、誠実に踏ん張ってこれました。最初は認められなかったり、失敗したりと悔しい思いもたくさんしたけど、それでも踏ん張っていると「こいつ骨があるな」「誠実だな」「負けてないな」って、相手が認めてくれるようになる。

人生は打ちひしがれることのほうが多いかもしれない。自分なんか生きている価値がないんじゃないかって落ち込んじゃうこと、私もいっぱいありますもん。だけど、腐ったら負けです。

目下、悩んでいる若い皆さん、まずは悩んでいる自分を認めてあげて、そこから悩みととことん向き合ってみる。そして、今いる場所で精いっぱい頑張るのもありだし、やりたいことが見つかったら挑戦するのもよし。どちらにせよ、たとえ上手くいかなくても、誠心誠意ぶつかってみることに無駄はない。すべて意味のあるものになっていく。偉そうなことを言っているけど、人生はその繰り返しなんじゃないかなと思う。

終活はあえてまだしない

終活。近年、よく耳にしますね。60代に入ってそろそろ動いたほうがいいんだろうなぁとは思うんだけど、なかなか行動に移せていないのが、正直なところ。ゴールが見えてきたと言いながら、ゴールの用意をしていないっていう。ダメですね〜。

パートナーも子供もいないから、甥っ子や姪っ子に負担がかからないようにはしておきたいけど、差し迫ったリアルを感じられないから、具体的なイメージはまだ何もしてないんですよね。最近はお墓にしても、海に散骨とか、樹木葬もあるじゃない。「私のお墓の前で泣かないでください」の歌のように、私も亡くなった後にわざわざお墓まで来てもらわなくていいんじゃないかなと。

お金についても、あの世には持っていけないから、全部使っちゃおうと思うときも。だけど、根が貧乏性だから、使い方がわからないんだよね〜。

理想は生涯現役だけど、何があるかわからないから、未来に備えたお金も必要だし。それを差し引いたらたぶん大した遺産にはならないけど、今、残したお金の使い道として漠然と考えているのは、寄付すること。たとえば先進科学や癌など医療の研究、子供たちの将来のために、何かの形で社会のお役に立てるような生きたお金の使い方ができたら嬉しいなと思うんです。

だけど、しつこいようだけど、まだまだ結婚を諦めたわけではないからね！　１００歳のおじいちゃんが大恋愛をして、70歳の女性と結婚したというニュースがつい先日もあったじゃない。まあ、私は90歳のおじいちゃんと結婚は、ちょっと考えられないけど勇気が出たよ！

ほんと、これからの人生まだ何が起こるかわからない！　素敵なパートナーとの出会いがある未来を夢見て、終活はもう少し後にとっておいてもいいかな？　いつまで夢見ているんだ、甘ったれるんじゃない、とお叱りの声が聞こえてきそうですが……。

孤独死はしょうがない

シングルの女性にとって、体調を崩したときほど心細く感じることはないですよね。私もやっぱり病気になると不安になるし、誰かがいてくれたらなって思う。でもその反面、そんなときでさえも、誰かがそばにいたらゆっくりと休めないかなと思っちゃう私は、悲しいくらい、ひとり暮らしのペースが染みついてしまっているんだろうね。

人間いつ何時、死んでしまうかわからない。ひとりで暮らしていると、少し体調を崩しただけでもこのまま誰からも発見されないまま死んでしまったらどうしようと、どんどんネガティブな方向に気持ちがいってしまう。その気持ち、よーくわかります。

幸い、私は近所に妹や親しい友人が住んでいるので、何かあれば食事を作ってくれたり、必要なものを買いに行ってくれたりします。だから、私の場合、死んでから何日も経った後に発見されるということはないんじゃないかな、というのがせめてもの救いかもしれない。でも実際、孤独死に関してはぶっちゃけどうでもよくて、ひとりで暮らしている以上、そうなっても仕方ないと腹をくくっています。これまでひとりで生きる選択をしてきたのだから、これぱっかりはしょうがないかなと。

まあ、もしも許されるなら、みんなに見守られながら「お疲れ！」って明るく逝けたらいいな。

死ぬんじゃない、生き抜くんだ

人生１００年時代と言われているけど、私は１００歳まで生きたいとか、長生きしたいとか、あんまり考えたことがないんですよね。それよりも自分の人生をしっかりと〝生き抜きたい〟という思いが強いんです。

芸人の先輩、海原しおりさんが58歳で亡くなられたとき、相方のさおりさんが「しおりさんは亡くなったんじゃない。生き抜いたんだ」とおっしゃっていて、感動しました。

死とは何かと聞かれたら、ちょっと休むようなもんじゃないのかなぁと思う。人間、どんなに元気な人でも、頑張り続けることはできない。頑張り抜いたら、ちょっと寝ないと持たないじゃないですか。

私は命は永遠と考えているから、たとえ死んで肉体が滅びたとしても、ちゃんと休めば来世に進めるんだと思っている。だったら老体でいるよりも若い肉体に生まれ変わって、新たな人生を歩むのも悪くないって思うんです。死とは次への出発！　ちょっと寝るようなもの。でも生きているうちは、それに伴うように自分の器を大きくしたい。それが〝よりよく生き抜く〟ってことなのかなと思うから。

結果的に90歳まで生きるかもしれないし、80歳で終わるかもしれない。それは誰にもわからないから、いつか「ちょっとお休み」という日がくるまで、後悔がないようにしっかりと生き抜くつもりです。まあでも、120歳でギャグをやり続けているのも面白いだろうから、やっぱり長生きするのもいいかもしれないなぁ〜。

私の理想のお葬式

人生のゴールが見え始めてきているものの、自分の最期は、なかなか具体的にイメージできないもんだよね。これが葬儀となれば、死んだ後のことですから、もっとイメージが湧いてこない。

最近は、家族葬のような規模を抑えたお葬式も多いって聞くよね。でも私は、これまでたくさんの方にお世話になってきたので、理想を言えば、そうした方々への感謝の意味も込めて、賑やかで楽しい葬儀になればなぁと。

『笑点』のテーマのような面白おかしい音楽を流して、私がお笑いをやっているときの写真や、舞台でバカをやっているときのビデオを流してもらったりして、「こいつ、本当にいろんなことやってきたな」って楽しんでもらいたい。しんみりというよりも、「バッカじゃないの」って笑ってもらって、送り出してもらうのが理想です。死ぬときまで、笑いに貪欲なヤツだなという声が聞こえてきそうだけど、これだけは譲れないから許して。

前に、劇団員のみんなと飲んでいるときに、私が死んだらどうするかって話になったんです。そうしたら後輩のひとりが「姉さん、俺が弔辞読みます！」と。さらに隣に座っていたヤツも「俺が読みます！」と言ってくれたんです。だけど、それをそばで聞いていた柴田さんが「私が読むんだよ！」と一喝（笑）。「それって、完全に私より柴田さんが長生きする設定じゃないか！」って笑ったけど、仲間がそんな風に思ってくれているんだって知れて、嬉しかったなぁ。

私の葬儀ってことは、私はもうこの世にはいないのでお任せします。おそらく柴田さんが「私の右に出る者はいない！」と言って、やってくれるんだろうなぁ。きっとバシッと仕切ってくれるはず！

年齢は何歳だって武器になる

60歳を過ぎて、仕事の不安も覚えるようになりました。いつまでオファーをいただけるのかなとか、いつまで元気に走り続けられるのかなとか……。

でも同時に、60歳になって「面白アイテムをひとつもらった」と、喜んでもいるんです。振り返れば、50歳目前には、早く「半世紀生きてまーす」って言いたくて仕方なかった。これは鉄板ギャグになるぞって。どんだけ、笑いを欲しがるんだっつうの！

今は、「60ですから～」と言うだけで、笑いがとれるときもあるし、イジってもらえる。これ、年をとったことで得られるおいしい特権だよね。60歳は、肉体も精神もまだまだ若いから、「おばあちゃん」と言われて「はあい」と答えても、見ているほうは痛々しく感じないはず（そうだと信じたい）。

これが70歳になるとどうなるのか。私の周りの70代を見回してみると、やっぱり見た目も心も若いんですよね。よく食べるし、よく飲むし、よくしゃべる。もちろん人にもよるんだろうけど、無茶苦茶パワフルな人ばかりですもん。本当に勇気もらうわ～。

60歳になって、「大事にしてね。私60歳だから」という笑いの印籠をもらった。じゃあ、

70歳になったらどんなお笑いができるのか。それを考えるとワクワクする一方で、きっと現役の言葉の重みが差し迫ってくるんだろうなと想像できる。

だからこそ、体力と精神力を今から鍛えておく。壊れない丈夫な体と心を持って、70歳を迎え、70歳ならではのギャグをやる。そうイメージすると、年をとることって面白いなと、心から思えるんですよ。

未来は自分で作っていく！

独身の今は何歳になったら引退するという考えは、全くナシ。でも、何度でも言うよ！決して結婚を諦めたわけではないから!!

これまで恋愛よりも仕事の人生を送ってきたけれど、結婚をして家庭に入るという選択をしてこなかっただけで、たとえばこの先、「世界一周旅行をして、こういうビジネスをやりたいんだ！」という夢を熱く語るような男性の考えに共鳴できたら、すぱっと仕事を辞めちゃうときが来るかもしれない。映画監督の大林宣彦さんのように、夫婦二人三脚で仕事をするのも素敵だと思うから、そのために、私の仕事は一旦休んでいいと思える日が来るかもしれない。え？　妄想はこのへんで終わりにしておけって？　バカヤロー！　何が言いたいかって、未来は決まってないってこと。

そんな考えだから、女性は占い好きな人が多いけど、私は占いを見ても、「へー」で終わっちゃうんだ。占いは「10月いいことあるんだ、頑張ろう！」ってな具合に、前を向くための励みになるのならいいと思う。でも、「あぁ、私、この2年の間になんか悪いこと起きちゃうんだ」って後ろ向きになって自分の思いに制約をかけるのは、もったいないことだと思う。

頑なに自分の未来はこうだって決めちゃうのって本当につまらない。人とのいろんな出会いに触発されて方向が変わったり、自分の考えまで変わったりするのが、生きている証だと思う。未来なんて何も決まっていないんだから、自分で自分の未来を作っていこうよ！　私もまだまだ自分を輝かせられる未来に向かって頑張るから、一緒に頑張っていこうね！

おわりに

最後まで読んでいただいて、本当にありがとうございます。感謝です！

私が、ひとりだけで生きてきたわけではないことは、もう嫌というほどわかってもらえたはず！

時には仕事仲間、時には家族や親しい男友達や女友達に支えられたからこそ、今の私があります。

人はひとりでは絶対に生きていけない。周りの人たちのおかげで生かされています。だから、他人を大切にしたり、誠実でいたりすることを、ずっと忘れないように生きてきました。

破天荒でありながら、すっごく真面目！（自分で言う）そんな一見矛盾した私ですが、これもひとりの女性のひとつの生き方だなって思ってもらえたら幸いです。そして、私の大好きな言葉「桜梅桃李」のように、一人ひとりの生き方に個性があっていいんだと思ってもらえたら、こんなに嬉しいことはありません。

生まれ故郷の大阪から上京し、がむしゃらに駆け抜けた20代。テレビ出演も増え始め、芝居にバラエティに恋に、寝る間も惜しんで奔走した30代。脂が乗り切ってますます仕事に恋に張り切っていた40代。健康第一を実感し、体をケアしながら仕事に邁進してきた50代。そして今、60歳を過ぎて体力の衰えは感じるし、歩みは遅くなったけれど、まだまだ前進を諦めていない私がいます。

人生のゴールが少しずつ見えてきて、日々不安とも向かい合わせです。でも、70代になれば70代なりに、80代になれば80代なりの、人生の楽しさが見つけられると信じている。だから「生涯現役」の目標に向かって、全力で生き抜きたい！

私も闘っているし、きっとこれを読んでくれているみんなも日々、闘っていると思う。一緒に楽しく頑張りましょう〜。人間ひとりじゃないからね！

どうか皆さんこれからも、なにとぞ、よろちくび〜！

2021年11月　久本雅美

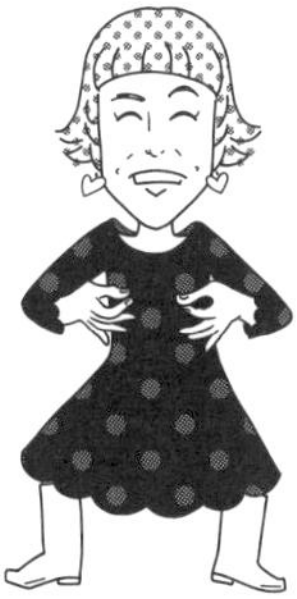

スペシャル対談

〝未婚のプロ〟代表

ジェーン・スー

p.174

〝大人婚〟の先輩

高橋ひとみ

p.194

〝未婚のプロ〟トーク！

作家 ジェーン・スーさん

私たちの
仕事とか
理想とか
将来とか

Profile

ジェーン・スー／1973年、東京生まれの日本人。作詞家、コラムニスト、ラジオパーソナリティ。『貴様いつまで女子でいるつもりだ問題』(幻冬舎文庫)で第31回講談社エッセイ賞を受賞。著書に『私たちがプロポーズされないのには、101の理由があってだな』(ポプラ文庫)、『女の甲冑、着たり脱いだり毎日が戦なり。』(文春文庫)、テレビ東京でドラマにもなった『生きるとか死ぬとか父親とか』(新潮文庫)など。TBSラジオ「ジェーン・スー 生活は踊る」のMCを務める。

鍋の中のマリアージュは得意なのに

久本（以下、久）　初めまして。ジェーン・スーさんの原作をドラマ化した『生きるとか死ぬとか父親とか』やTBSラジオでのご活躍を拝見していて、お会いできるのを楽しみにしていました！

ジェーン（以下、ジ）　初めまして。ありがとうございます。私もいつか久本さんにお会いできると思って、この日を待っていました！　今回、久本さんが書かれた内容を読んでゾッとしたのが、全部炒めるという発想が完全に同じだったこと。炒めたらたいていのものはおいしく仕上がるし、洗い物も最小限にできる。私がインスタにアップした料理の写真を見て、「全部炒め物だね」って、いつも友人から言われています。

久　だって、面倒くさいもんねー。

ジ　炒め物といっても、油を変える、味を変えるだけで、どこまででもいけますよね。

久　そうそう。この間、冷蔵庫を開けたら、常備している卵と好物のカニカマと玉ねぎ、それにえびの塩辛があったんです。えびの塩辛は旨そうだなって買ったんだけど、ちょっとこのままでは辛すぎるなと思っていたので、混ぜて炒めちゃえって。そうしたら、カニカマと卵、玉ねぎ、えびの塩辛がいい味出すんですよ。全然いけるじゃーんって。

ジ　わかります。私も自分のマリアージュはできないけれど、フライパンの中のマリアージュは得意です（笑）！　炒め物だけでお腹いっぱいにして、ご飯を炊かないこともあります。

久　だよね〜。でもさ、こんなことやっていたら、誰かのためにご飯を作ってあげる気持ちになれないいんじゃない？

ジ　うーん。多分、作りたいときは作って、作りたくないときには作らない。ランダムな作り方ならできると思います。でも、相手思いの料理ができるかというと、自信はないですね。

久　私は理想の男性像の一つに、料理好きの料理上手を掲げているんだけど、スーさんとしてはどうですか？

ジ　以前、料理好きの料理上手の男性と一緒に暮らしたことがあったんですけど、私が考えていた料理好きの料理上手って、ご飯作って、並べて、一緒に食べて、いろいろしゃべってとかだったんです。ところが、すごい落とし穴が！　その人、料理を作ってバーンと出して、「俺は部屋でゲームやってくる」と横にいてくれない時もあった。「まだゲームの続きがあるから」って。でも旨いのは旨いなって、出されるものをひとりで黙々と食べていました（笑）。

久　えー！　私は当然、団欒までセットになっていることが大前提だった。だってふたりで食べないと意味ないじゃん。

ジ　女の人と男の人って、役割に期待している付帯状況が全然違うのかもしれませんね。私の元パートナーは、作って納品して終わりということもあったけど、女の人は、そこに無償のケアを付けるのがデフォルトだと思いがち。

久　絶対にそうですね。女の人はサービスがないと怒るもん。でも、スーさんの男はそうだったけど、団欒が必要な男もいるはずだよね。

ジ　もちろんいると思います。でも、例外もあるという勉強になりました。

久　確かにめちゃくちゃ勉強になる。そういう男性と一緒に暮らしたことも付き合ったこともないので、これは私の中の理想の項目がまた一つ増えましたね。

ジ　ついに51項目に！

理想の男性像はどんどんシンプルに

久　スーさんの理想の男性像は？

ジ　理想は、元気で朗らかで、素直で……みたいになってきましたね。

久　私、ギャグで「首が据わっていればいい」と言っているんですけど、最終的にだんだんシンプルになっていく人が多いよね。

ジ　そうですね。昔はいろいろ言っていたけど、私の場合、どうしてもオモシロに全振りしちゃうんですよ。安定とか優しさ、稼ぎよりも、「ヤバいコイツ面白い！」みたいな方にどうしてもいっちゃうんで。もうそこはしょうがないかなと。

久　私もオモシロに食いついていたんだけど、60歳を過ぎると体力的に、そこを求めるエネルギーもなくなってくるのよ。穏やかに日常の生活がゆっくり一緒に楽しめたら、それでいいのかなって思っちゃう。刺激よりも安らぎみたいな。

ジ　ちょうどひと回り上くらいの先輩たちが、私たちの世代の松明《たいまつ》になっていて、先輩たちがメラメラ光っているのを見ながら、ああ、私たちもあいう感じになるんだなと思いながら後を歩いてきたんですね。その先輩たちが、「もう男なんて、茶飲み友達みたいなのでいい」と言いはじめたので、多分私もそうなるんだろうなと。

久　そうなっちゃうんだよー（笑）。私は全然結婚する気がないと思われているんだけど、ただ一生懸命仕事をしてきて、ふと、気がついたらひとり、という感じなんです。スーさんはどうですか？

ジ　ほぼほぼ、久本さんと同じです。真面目に生きていたら、結婚できるものだとなんの疑いもなく思っていました。

久　わかる！　気づけばこの年になっていて、まさかって感じでしょ。結婚への希望は持っている？

ジ　しないとは言ってないという、それだけです。

久　諦めたわけじゃないから、可能性は全然あると。私も口すっぱく言っていることだわ。でも、結婚したって仕事をやめる気はないでしょ？

ジ　ないです（笑）。

久　年齢を重ねて、仕事に対する思いの変化はありますか？

ジ　久本さんが今回の本の中でおっしゃっている、がむしゃらな20代、一生懸命奮闘していた30～40代を経て、少し立ち止まって自分の体の声を聞くようになった50代、まさにその通りだなって。誰かのために何かをしたいという気持ちが芽生えてくるとも書かれていましたが、私もそんな気持ちが生まれつつあって、これからの10年をどう働くかというのが肝だと思っているんです。わーっと仕事して、気づいたらまた朝になっていたみたいなことを、いつまでやるんだろうと。

久　50代後半になったら朝まで働く体力がなくなるよ。よく聞く「休むことも仕事」に移行していく。「私、明日も元気なのかな？」ということに、現実的な不安がのしかかってきて、明日の元気のためにも休んでおこうというふうになってくる。

ジ　残りの体力の逆算から思考がスタートしますもんね。だから週に1回、生きるための筋力を維持するためにトレーニングに通うというのも同じですもん。いつまでも、しゃがんだときにものをつかまずに立ち上がりたいとか。

久　60歳を過ぎて、できなくなることも認めなきゃいけなくなってきた。これできなくなっちゃったなってことが、やっぱりあるのよ。でも、できなくなったことを数えるんじゃなくて、できることをしていくようにしたほうが絶対に楽しいじゃないですか。

ジ　メモメモ！

久　メモメモじゃないわ（笑）。

ジ　先輩の大切な言葉はメモしないと！

若者世代とのギャップに直面する日々

久　これから、スーさんがこんなことをやってみたいなと思っているのってどんなこと？

ジ　私、どんな社会経済状況で20代を過ごしたかが、のちの人格形成にすごく影響すると思っているんですね。久本さんもそうだと思うんですが、バブルの時期に青春を過ごした人って、ずば抜けて元気だし、すごく明るい。私たちの世代は氷河期第一期なんです。でも、親の時代に景気がよかったから、若干その時代の空気感を覚えているところがあって。だけど、今の35歳から下の世代は景気がよかった時期を全く知らない。だから、すごく能力が高くても全然自信がなくて、「私なんか」と言っている人が多いんです。その子たちに自信をつけてもらうために、何かフックアップできるようなことをできないかなって、漠然と考えています。

久　それは素晴らしい！　確かに30代半ばぐらいまでの子たちって、お金あったら何したいって聞かれて、「貯金したい」という人がすごく多いといわれているよね。私なんかは、宵越しの金は持たないみたいな生き方をする芸人の先輩たちの背中を見て育ってきたし、ご相伴に与《あずか》ってきたからなぁ。そういう先輩に憧れてもいたしね。でも、今の子からしたら、「宵越しの金」なんて言葉すら知らないだろうし、そんなふうに考えられないんだろうな。

ジ　今、下の子たちを気軽に誘って飲みには行けないですからね。コロナだからじゃなくて、ハラスメント系でアウトになりかねないですから。

久　まず、みんな飲みに行かないよね。飲むことを知らないし、飲みに行かない。飲むんだったら自分の家でゲームしたいとか、音楽を聴きたいとか。個の時間を大切にしている。そうか、あれはバブルが弾けた後の日本経済に関わっているのか。いろんな勉強をしたり、資格をとったり、堅実なプランを立てている子も多いですもんね。「その若さで弾けなくていいの？」って聞きたくなる。

ジ　今の時代、弾けたら、就職するときにSNSでバレちゃいますからね。近頃はみんな、複数のアカウントを持っていて、自分の趣味のことを話すのはここ、生活のことはここと分けているんですって。なんで分けているのかと聞いたら、「友達に関係のない情報を流したら迷惑だから」っていう。オタクの趣味の人たちだけとつながるから、トラブルにならないと。すごい棲み分けができている。

久　コミュニケーションが切り刻まれているんですね。昔だったら、バイク好きな人も歌が好きな人も、演劇が好きな人も様々な人がガチャガチャ集まった。そこでいろんな話を聞いて、知らない世界を知って刺激を受けたけど、そういうの、もうないんだね。社会が変わって、人も変わっているんだ。

ジ　人も社会を変えられるけど、どちらかといえば、若い子たちが社会の空気を読んでそういうふうにしているんだろうなと思うんです。

久　若いうちから空気を読みすぎていると、世界観が広がらないんじゃないか、とおせっかいババアは思っちゃうけど。でも、それが現代の社会にうまく適応するための生き方なんだろうね。

ジ　そうなんだと思います。私たちなんかは、打ち出しが強いタイプでうまく生き残ったんですけど、それはある種の生存バイアス。一方で、多分ものすごい数の屍《しかばね》が後ろにいるじゃないですか。ごめんなさい。初対面の方と自分を一緒にしてしまって。

久　ハハハハハ。すごくわかる！

ジ　でも今の時代、以前だったら屍になりかねなかった人たちを取り残さないことが重要視されるようになったから、社会的にヨシとされる人たちのジャンルが変わってくると思うんですよね。我々みたいなタイプは「討伐だ！」って、でっかい刀を持っていくみたいな時代には、すごく役立つんですけどね。

久　勢いよく「まかせろー！」って行けるからね。だけど、確かにそうじゃない時代になりつつある。

ジ　大きな声を出さない子たちが前に出られるから、これはまたこれでスポットライトが当たる人が変わってくるってことなのかなと。

久　お笑いの世界でもそうなんです。この本の中でも触れたけど、どっちかというと、ナチュラルな子だったり、癒し系の子たちだったり、普通の子たちが受け入れられて、私たちのような生命力の強い「前へ、前へ、そして前へ」の世代はウザがられる。

ジ　なるほど！　それ、わかります。

久　だから私たちの世代は、立ち方がわからないことがあるんですよ。あ、やめとこ、これ以上出たら嫌われるかな、空気乱すかなとかね。だからといって引いてたら、私なんのためにここにいるんだろうと考えるし。時代に馴染むのに、おばちゃん四苦八苦ですよ。

ジ　ついにこの時が来たかって感じですよね。雑誌の『明星』見て、「顔の区別がつかない」と言っていた親の気持ちがようやく自分ごとになってきた。

久　もう、全然わからないよね。次から次へと出てきて、どんだけ坂上がっていくんだっていうね。何坂、何坂、何坂って。私たちは転がり落ちていくのに（笑）。

ジ　親の言っていることがものすごくわかるシリーズとしては、寝るのにも体力が要るということ。すごくわかるようになりました。

久　9時になったら眠くなるから、パートナーの選び方も変わってくるよね。若い子は体力が有り余っているから、仮に「朝までゲームやろうよ」って言われてもついていけないし。

ジ　そんなん言われても、「寝るし！」ですよね。

久　だんだんババアトークになってきているじゃん！（笑）

ジ　こういうのが一番楽しいです（笑）。

男性が求める女性の面白さとは？

ジ　こうしてお話しさせてもらって、初めてメディアで久本さんを拝見した頃から頭の回転が全く衰えてらっしゃらないのを目の当たりにすると、すごく勇気をもらいます。ポンポンポンッて言葉が出てくるのをずっとキープしてらっしゃいますよね。

久　そういうふうに言ってもらえるのは、ありがたいですね。でも、昔は話を振られたら、瞬時に3つ、4つは答えが浮かんだんです。でも今は1つ、2つぐらい。

ジ　ちょうどいいんじゃないですか。さっきから同類にして申し訳ないですが、年齢を重ねることで、だんだん人を威圧しないで済むように

なれるのだったら。１つ、２つ浮かんでもう万々歳じゃないですかね。私たちのように３つも４つも浮かぶ人って、他の人たちからしたら脅威ですから（笑）。

久 共感しかない！　今日はいい気分で熟睡できそう（笑）。

ジ 同じ経験されていると思うんですけど、複数の友人と話していて、気がついたら自分しかしゃべっていないときってありません？　みんなと会話がしたいのに、しゃべる人と聞く人になっているときがあって。

久 うん、あるある。

ジ あれ、完全に３つ、４つ出てくる人の症状だと思います。この場を笑わせなきゃみたいな感じにだんだんなっていく能力って仕事では使えますけど、プライベートだと孤独感が無きにしも非《あら》ず。なので我々も１つ、２つの人になることで、ちょうど周りと調和するんじゃないでしょうか。

久 そもそも１つ、２つ答えを浮かべられること自体がラッキーだしね。

ジ 人に言われるまで気づかなかったんですけど、オモシロって知性なので、男の人が流入してこないんだそうです。自分よりも頭のいい女が好きな男ってほとんどいないって。

久 それ、わかる〜。ある番組で理想の女性と

男性というのがあって、女性が求める男性の魅力として、「優しい」とか「経済力がある」のほかに、「面白い」は第3位に入ってるわけですよ。なのに、男性が求める女性の魅力ランキングには、めくってもめくっても「面白い」は出てこないんだよね。

ジ　オモシロは求められてないんです。

久　1ミリもね。そのときに、そりゃ結婚できないなって思った。「面白い女性が好きです」という男性がいても、友達トークになっちゃうしね。

ジ　男の人は、好きな女の子が笑っているのを見るのが好きだって聞いたことがあります。笑顔が好きってことは、笑わせたいってことじゃないですか。そういうこと言っているあなたがつまんないよって話ですけど。だいたい私のほうが面白いってなっちゃう（笑）。

久　確かに、河口恭吾さんの歌に「僕がそばにいるよ　君を笑わせるから」っていう歌詞があったけど、私たちみたいにおしゃべりが好きで、人がいたらどうしてもサービストークしてしまうような引き出しをもっている人は嫌がられるもんな〜。

ジ　自分で言うのもなんですが、周りの評価からすると、私は理詰めで面白いことを組み立てることはできるっぽい。こういうタイプが一番勝てないのは、なんちゃってじゃなくて本物の「天然」と呼ばれる人たち。多分、求められる女の人の面白さってアレなんだろうな。

久　かわいいとか、放っておけないとか、不思議だから魅力的とかって言われるタイプね。私たちのように、オチを言っちゃう人間じゃないことは確かだね。

ジ　私たち、めっちゃ放っとけますからね（笑）。こうなったらきっと、マーケットを変えなきゃいけないんですよ。さっき話に出た、我々の後ろに屍になった人たちがいるのと同じで、面白い女の人が好きっていう人がいるかもしれないですよ。

久　「いる」じゃなくて、「いるかもしれない」というところが、私たちの弱さだよね。

ジ　ネッシーですね（笑）。

久　マーケットを変えるといえば、外国人っていう選択肢はないの？

ジ　大学時代にアメリカの大学へ1年留学していて、その頃アメリカ人の方と付き合ったことはあります。私が行ったアメリカの大学では性別を問わず自己主張が強い人が多かったから、この人たちに比べたら私はすごく扱いやすいんだろうなって思いました。久本さん、外国だったら、私たちの押し出しの強さが目立たなくなりますよ（笑）。

久　とはいえ、生活様式や文化が違うし、国際結婚って面白がれるのかなって私は不安なんだよね。

ジ　私は、60歳を過ぎたら海外に移住したいなと思っているんです。別の人生をもう一個どこかでスタートさせられたらなと思っていて。

久　それは作家さんとか、パーソナリティとかとは違う人生を？

ジ　向こうに住むというより長期滞在者にしかなれないとは思うんですけど、これまで稼いだお金を全部もって、向こうで語学学校に通ったりとか、好きに暮らしてみたい。

久　いいですね。この年齢になると、やり残したことないかなって考えますもん。好きなことをやってきたけど、やり残したことはないかなって。今のところ、スーさんのように海外で好きなことをしたいとは考えたこともないけど、素敵だと思う。

ジ　お仕事がたくさんあるから、久本さんの場合はなかなか難しいですよね。

久　いやいや。だんだん仕事のペースは、ゆっくりになってきているんです。それでも、いくつになってもエンターテインメント的なことはやっていきたいと思ってはいますね。実は先日、検査で全身麻酔を打ったことがあったんです。後日、先生から「久本さん、覚えていますか？」と聞かれて、「何がですか」って返したのね。そうしたら、麻酔が効く最後の瞬間に、「生涯現役でいきたいです」って言ったんだって。

ジ　かっこいい！

久　先生からも「僕たち感動しました」って言われました。あの瞬間って、人間の本心が現れるんだそう。記憶にないし、そんなこと言うつもりもなかったんだけど、死ぬ間際の一言みたいで、自分でも笑ったね。

ジ　黒柳徹子さんを見ていると、かっこいいですもんね。

久 ですよね。正直、もう疲れたな、ゆっくりしたいなって思うこともあります。でもやっぱり、人前に立って、みなさんに喜んでもらったり、面白いことを考えついたりしたら、うれしくてしょうがないから、生涯現役の道を選んじゃうのかなって思っちゃう。もちろん、それを覆《くつがえ》すぐらいの誰かが現れて、その人の生き方が面白そうーって魅せられたら、話は変わるけど。

ジ 外国から黒船がやってくる可能性もありますよ。久本さんにはもうカンヌでしか会えない、みたいな存在になるかもしれません。

久 そうなったらかっこいいわ。具体的に60歳を過ぎて移住したい国は決めているの？

ジ ニューヨークに行きたいですね。東京生まれ東京育ちなので上京経験がないから、「くそー、みんな敵だ」みたいなのを一度やってみたいんです。東京出身者はガッツがないとさんざん言われてきたから。

久 ハハハハ、スーさん、それ遅くない？ 60歳で牙を剝くの？

ジ はい！ 60で長渕を聴くんです。そのときのイメージは、夫婦ではなく、ひとりですね。なんでこうなった？ とは思うんですけど。

久　わかる。何度も言うように、別に諦めたわけでもないのに、未来を想像しても、そこにパートナーが見つからない（笑）。ひとりの未来は簡単にイメージできるのにね。

ジ　恋愛したい、結婚したいと言いながらひとりのイメージなんですよね。

理詰めで人を追い詰めない女性でいたい

久　スーさん、お母様は若くしてお亡くなりになったそうですが、お父様は結婚のこと何かおっしゃらないんですか？

ジ　特にないですね。一度だけ「結婚はいいから子供作ったら面白いぞ」って言われたことがありました。だけどうちの父親は相当破天荒で、子育てなんて全然したことなかったから、「子育て経験ゼロだろ。育てられた記憶もないわ」って返したら、「ですよねー」って言っていました（笑）。

久　お父様、孫が見たかったのかな？

ジ　どうなんですかね。私には妊娠・出産の欲望がなくて。なんでみんな、そんなに子供がほしいと思えるんだろうなって不思議に感じるんです。考えてもみてください。人間のなかで人間を育てることって、すごくないですか？　私は少し怖くもある。母性でその恐怖を薙ぎ倒せるってすごいなと思うんです。

久　子供がほしい人って、結婚するよね。

ジ　おっしゃる通り、そうなんです。私も友人でふたり、旦那に子供を作る気がないとわかって離婚した人がいます。で、ふたりとも再婚して、すぐに子供を授かりました。目の前の夫という存在よりも、生まれてくるかわからない子供のほうが重要という価値観は私にはわからないなって。私には妊娠・出産のスイッチはついてなかったみたいです。

久　なるほどね。子孫を残すことに対する喜びのスイッチをもっている人は多くいる。だけど、確かに私にもなかったなー。体中、どこを探してもそのスイッチの突起は見当たらない。

ジ　ツルッツルですよね。

久　スイッチがないことが、仕事に没頭できる大きな要因の一つではあったかな。ただ、出産が仕事につながることもあるかもしれないよね。先日、テリー伊藤さんと対談したら、「お前結婚したらいいのに。面白いぞー。結婚してからの方がトークも広がるじゃん」とおっしゃっていて。確かに「オモシロのために結婚するのもありかな」とは思う。

ジ　それはあるかもしれないですね。

久　だけどそれもさ、仕事を中心とした物事の見方や考え方なんだよね。幸せになりたいとか、女性の幸せを得たいとか、パートナーと一緒に人生を過ごしていきたいとかじゃなくて、人生のネタが増えるのかな、笑いが一つ増えるのかなという。その自分本位がダメだと思うんだよね。

ジ　ダメではないと思うんですけど、既婚者を見ていてすごいなと思うのは、家族とともに暮らす生活が思い通りにならないことばかりだから、欲の手離れがいいこと。昔は、店の空調の風向き一つ気に入らないで文句付けていた女が、「旦那が帰ってくるから帰るわ」「子供にご飯食べさせないといけないから帰るわ」とか、人のために欲を手放せるようになる。

久　やっぱり自分だけで生活していると、わがままな人間になっていくんじゃないかと不安になるよね。仕事の上での忍耐はガンガンやってきたけど、マンツーマンで一緒に生きてる人への忍耐は経験してきてないからね。人に寄り添う中で、人間として大きくなったり、寛容になったりというピースが欠けている気がする。そこは、スーさんの言うとおり気をつけないと。普段、寝たいときに寝て、食べたいときに食べてって生活をしていると、人と向き合うことでの我慢って知らないからね。

ジ　既婚者は期待が裏切られることへの耐性が強いんですよね。子供が宿題やるって言いながらやらないというように、普段そういう小さな裏切りをいっぱい受けている人は、人に対する期待値が低くなるから、どんどん優しくなっていくんですよ。

久　そうだよね。仏みたいになっていく。

ジ　我々未婚チームだけが、「おかしくないですか？」って、ずーっと理詰めでやっている（笑）。

久　「なんで？　おかしいよね？」って正論かましているんだよね。つい先日も、食事の席で機嫌が悪い女性がいたわけ。みんなの空気が悪くなるから、私は「もっと大人になんなよ」って言ったの。そうしたら、同じ席にいた既婚者の男の子が、「ちょっと嫌なことがあって機嫌が悪いくらい、そんなのいいじゃないですか」ってフォローして。こいつ、私よりも若いのに、忍耐力がちゃんとある人なんだなって思った。

ジ　私たちの場合、すべての場面で「筋通せ！」となっちゃいますもんね。

久　そこらへんの訓練が普段できてないから、人間の器がちっちぇんだろうな……。

ジ　私たちは仕事をしていく上で、無意識に生産性を上げるとか、道理を通すということを追求してきたから、それは得意なんですけどね。だけどその結果、人をどんどん切り落としていくことにならないようにしなきゃと肝に銘じています。

久　わかりやすく言うと、キツい女にならないようにしないとってことだよね。

ジ　そうそう、それです！

久　いや～、今日スーさんと話して、ひとり身としての生活から、パートナーの選び方、これからの生き方まで、勉強になったわー。本当にしっかりされているし、言語能力が高くて、めちゃくちゃ面白かった。すごく魅力的ですね！

ジ　私のほうこそ、私の行く道を照らしてくれる松明の世代である久本さんとお会いできて、とても楽しい時間でした。10年後の私が4LDKを借りられるように頑張ります！

久　そこかい!?（笑）でも、またぜひ「ひとり」について語りましょう。

〝大人婚〟トーク！

女優 高橋ひとみさん

幸せのコツは

酔いとか

慣れとか

覚悟とか

Profile

高橋ひとみ（たかはし・ひとみ）／1961年、東京都出身。1979年に寺山修司演出の舞台『バルトークの青ひげ公の城』で舞台デビュー。1983年に『ふぞろいの林檎たち』でドラマデビューを果たし、以降、ドラマ・映画・舞台で活躍する。近年はバラエティや情報番組にも活動の幅を広げ、『アウト×デラックス』（フジテレビ系・木曜23時～）レギュラー出演中の他、『スイッチ！』（東海テレビ）にコメンテーターとして隔週金曜に出演。

衣装／MARINA RINALDI, HARIO Lampwork Factory　メイク／真知子(エムドルフィン)

体のケアが必要なお年頃

久本（以下、久） ひとみさん、お久しぶり。唐突ですが、いくつになりました？

高橋（以下、高） 今年（２０２１年）８月で60歳になったんですよ。

久 えー！ 60過ぎているの!? きれいだね～。本当に変わらない。

高 久本さんこそ、変わらないですよ。同年代でこれだけ活躍されていて憧れの存在です。今日は、こんな対談をしていただけるなんて夢のようです。

久 ありがとうございます。でも、私も63歳になって変わりました。もう、あちこちヤバいですよ！ ひとみさんは、ちゃんとケアしていらっしゃる？

高 なんにもやってないです。お酒飲んだら、そのまま寝ちゃったりすることもあって。

久 お酒の量は若い頃から変わったんじゃないですか？

高 そうですね。減りました。特にコロナ以降はあまり外に行けないじゃないですか。以前は家でもそこそこ飲んでいたんですけど、今は白ワインを１日２杯ぐらい。

久 私も本当に減りました。昔は酔えば酔うほど強いお酒飲んで、もっと酔っ払いたいなというのがあったけど、今は明日のことを考えるようになった。これぐらいでいいかなって、大人の線引きができるようになったな。

高 私は家では大丈夫なんですけど、外だと楽しくなっちゃって記憶もなくしちゃうから、主人に飲んじゃダメだって言われている（笑）。

何杯飲んだか、わからなくなっちゃうの。
久 楽しくって、ついつい飲んじゃうんだよね。私もいまだに年に1、2回はわかんなくなるぐらい飲むことも。
高 1、2回はやっているんですね（笑）。
久 そうなの。ハハハ。ひとみさん、お酒を飲むなら、体は鍛えている？
高 苦しいのが嫌でなんにも。ジムにも行ったことなくて。犬が高齢になって今はできなくなりましたけど、元気な頃は朝晩にする散歩が唯一の健康法だったかも。
久 ひとみさんが飼っているゴールデンレトリーバーくらいの大型犬だと、1、2時間かけてしっかりと散歩するんでしょう。それって、健康のためにはもってこいですよね。
高 そうだったんですよ。久本さんは、ジムに行ってらっしゃるんですか？
久 週に1度行っています。私が通っている先生は、筋トレというよりも、怪我をしない体を作るのを目的にしてくれているんです。疲れている日は寝ころがって、マッサージしてもらうだけのときも。5回に1回、いや、3回に1回はマッサージかな（笑）。やっぱり、なんかしないと、60過ぎてからガタが来ているなって思うからなぁ。
高 ハハハハ、わかるー。舞台をやっていると、膝がサポーターをつけていても辛いなと感じることはやっぱりあります。ただ、今、出演している舞台では、楽屋からステージまですごい長い階段があって、何回も着替えで上り下りしないといけないんです。エレベーターも使えるんですけど、一生懸命階段を使っていたら、最近

「はぁ、はぁ」って息がきれることがなくなったんですよ！　60歳になってから、周りの人から「あ、やっぱり」と思われたら嫌だなって。

久　それは悔しいもんね。体のケアってことでは、本当に人の手は借りてないんだね。

高　そういうのって、予約しなきゃいけないでしょ。仕事が入って、急に行けなくなったら悪いなぁって思っちゃって。だけど、以前行った顔のマッサージで、ちょっと先生に触ってもらっただけで、眉毛の高さが劇的に整ったことがあって驚いたんです。行きたいんですけど、今、インプラントにしようかと思っている歯があって、その部分に触れられるのがどうかなと思って迷っていて……。

久　それ、整体の先生に相談すればいいのよ。インプラントにしようと思っている歯があるんで、ここはやめてもらえますか。それともやってもらっても大丈夫ですかって。それぐらい、60なんだから言えるでしょ（笑）。そんなところも変わらないね。マイペースでちょっと天然なところがあって。そこは、男の人から見るとかわいいんだろうな。

高　かわいくはないと思いますけど。

久　かわいいよ。ひとみさんといえば、高速道路で安全運転をし過ぎて、パトカーから「もっと速度上げてください」って注意された話が、私、大好きなんですよ。

高　それも、乗っていたのはポルシェだったんですよ。パトカーから、「波に乗ってくださ い」って言われて、屈辱でした（笑）。だけど、そんなことまでよく覚えてくださっていますね！　やっぱり久本さん、すごくクレバーでなんでも拾ってくださるから、安心して話ができます。

久 ありがとう。若い頃に比べたら衰えているけどね。ひとみさんは記憶力とかは変わらず？

高 今は特にですけど、同じ事務所の先輩に、北大路欣也さんや吉田鋼太郎さんがいらっしゃって、お二人とものすごくパワフルで、記憶力もすごい。あの年齢になって、自分も同じように記憶力がキープできるかなと不安にはなりますね。

久 大丈夫だよ。そもそもちょっととぼけているから、少し物忘れがひどくなっても誰も気づかないと思うよ（笑）。ただ、これからも女優さんを続けていかれるわけでしょ。そうすると、普段からジムで鍛えておこうとか、ボイトレに行こうとかというのは今のところないの？

高 ないかな……（笑）。

久 こりゃ絶対にないな（笑）。

高 無理をせず、怪我をせず、無難に生きていくのが目標なんです。ほそーく、なが一くね。

久 計画通りにいってるんじゃないですか。ガツガツしてないですもんね。

高 ガツガツすると、なんか辛くなっちゃって。「漂えど、沈まず」というパリの紋章になっている言葉がモットーなんです。

出会って2カ月のスピード婚

久 この先、こういう女優さんになりたいとか、目標としている方はいますか？

高 草笛光子さんには憧れます。母と同世代で80代半ばですけど、いまだ足を上げて踊っていらっしゃるじゃないですか。いくつになってもきれいで美しいですよね。努力がすごいんでしょうけど。

久　私、つい最近、草笛さんとドラマでご一緒させていただいたんですね。本当、お肌もお顔も美しいの。やっぱり舞台に立ち続けていらっしゃるからか、華やかさやオーラが素晴らしい。何よりおちゃめで、隙があれば面白いことを言おうとする。ユーモアを常にもっているって素敵なことですよね。場を和ませたり、自分も楽しんだりしていて、心の豊かさを感じるわけ。でも、ひとみさん、やっぱり草笛さんも体力的に努力されていますよ。

高　そうですよね……。確かに健康が資本ですよね。結婚前は行ってなかった人間ドックには、結婚当初から夫に「行け行け」と言われて毎年行くようになりましたけど。夫は血豆くらいでも病院に行くような人だから（笑）。

久　早期発見が何より大事だから、血豆でも行ったほうがいいよ（笑）。結婚の話が出ましたが、今日は旦那さんもいらっしゃっているんで、気になって気になってしょうがない！　それにしても、素敵な人ですね。ご結婚は8年前でしたっけ？

高　はい、私が52歳で、主人が50歳のときに。お互いに初婚です。

久　ひとみさん、もともと結婚する気はあったの？

高　全然なかったんです。実家暮らしで、寂しいと思ったこともなかったですし。

久　マジか！　それなのに結婚したって、どういうこと？　馴れ初めを詳しく教えてください。

高　主人とは友人が開いてくれた私の誕生会で

会って。彼は当時、航空会社に勤めていたんですが、私が仕事でイタリアに行くときに「僕も行こうかな」ってついてきたんです。それで、現地案内をしてくれたんですが、英語はできるし、スタイリストさんやメイクさんの重い荷物も全部運んでくれるし、まるで外国人の男性のようなエスコートだなと。どうしても行きたかったフィレンツェのウフィツィ美術館のチケットもとってくれて。写真を一緒に撮ったら、身長のバランスもいいんじゃないと。

久　素晴らしく頼り甲斐がありますね。旦那さんにはきっと、近づこうという魂胆、いわゆる下心もあったんだろうけど（笑）。異国で僕が全部エスコートしますよって、やっぱり頼れる男だって思いますよね。どこかで、「あ、男手必要だな」という気持ちもあったんじゃないですか？

高　そうかもしれない。男の人がいると、こんなに助けてもらえるんだって。なんでも自分でやろうと思えばできるけど、いてくれたら安心だし、楽だなって（笑）。あとは、優しいなって。

久　それからどれくらい付き合って結婚したの？

高　付き合った期間は2週間ぐらいです。出会って2カ月、付き合って2週間で結婚しちゃったんです。

久　はい、来ました！　愛に時間なんて関係ないっていう憧れのパターン！　それにしても、イタリアから帰ってから2週間でプロポーズってこと？

高　帰国後、最初はふたりきりで会っていなくて、スタイリストさんたちを交えて何回か食事会をしていたんですね。でも、あるとき、ふたりで会いたいと誘われて食事するようになって、いきなりプロポーズされました。ただそのとき私、すごく酔っ払っていたんですよね（笑）。「はい」って言った記憶もあやふやで。

久　ちょっと待って！　酔っていたとはいえ、これまでも30年以上、ずっと酔っ払い続けてきたわけでしょ。なのに、なんでそのときは酔っ払った勢いでプロポーズ受けちゃったわけ？　結局、旦那に酔っちゃったんでしょ〜？

高　初めてプロポーズしてくれたのが、大きかったかもしれません。

久　来たーー！　今までお付き合いした人はいても、プロポーズまでは行く人はいなかったということか。やっぱり縁なんだね。ひとみさんも元々、旦那さんに対して悪い気はしてなかったんでしょう？

高　そうですね。でも、はっきり言われたのは初めてだったので、「えっ」て驚きました。

久　旦那さんはなんとおっしゃったんですか？

高　「結婚してください」って言われたような

気がします。本当に泥酔状態でよく覚えてないの（笑）。

久　せっかく旦那さんが、心臓をドキドキバクバクさせながらプロポーズしてくれたのに、ちょっと〜。

高　もし素面《しらふ》だったら、結婚してないかもしれない（笑）。

久　あのね、いいかげんにしなさいよぉ〜！　旦那さんは酔った勢いでもないと言えないような緊張感の中で、プロポーズをしたんだと思いますよ。

高　それが夫は一滴も飲めないの。

久　だったらなおさらすごいじゃないですか。意を決してプロポーズしたのに、覚えてないってがっかりしますよ。でも、酔っ払ったときって本音が出ますからね。やっぱり「はい」と言ったのは本気だったんでしょうね。どこかでひとみさんも、プロポーズを待っているというのはなかったの？　その日、予感めいたものもなかった？

高　全然なかったです。

久　じゃあ、いきなりご飯を食べに行ってプロポーズされたってこと？

高　そうなんです。一つ覚えていて、すごく素敵だったのが、スーツがおしゃれだったこと。スーツって、男性を割り増しにするって思いませんか？

久　思います！　男性のスーツ姿には、キュンキュンしますよね。

高　彼は洋服が大好きで、着るのが普通のビジネススーツではないんですよ。

久　あ〜、わかる！　イタリアで買ってきたおしゃれさんが着るようなスーツでしょ。言葉悪いけど、イタリアン野郎みたいな、ポップで弾けた感じ。身長もおありだし、ハンサムだから余計に似合いそうですよね。今日のお召しものも素敵だもんね。

高　主人は、私の服を買ってきてくれることもよくあるんです。

久　ラブラブじゃないの。買ってきてくれる服は、好みのものなの？

高　好きですね。ただ、自分では今までに選ばなかったシンプルなものが多くて。だから、友人の東ちづるさんには「昔みたいにもっと華やかなの着ればいいのに」と言われます（笑）。

久　夫が選んでくれた服着てみた〜い。話を戻すけど、ひとみさん、酔っ払って覚えてないってことは、その後、改めてプロポーズされたんですか？

高　はい。海辺の素敵なレストランで、指輪をいただきました。

久　えー！　完全に私たちが憧れるベタなパターンじゃないですか。ベタほどいいものはないんだから。

高　私のスタイリストさんにこっそり、どんなものがいいか相談してくれていたみたいで。

久　旦那さん、自信はあったんですか？　指輪まで買って、もし「ごめんなさい」だったら、どうするつもりだったんですか？

高　自信はなかったんだよね？（旦那さん…首をかしげて思い出している）　ダメだったら、リサイクルショップで売ろうと思っていたみたいです。

久　改めて、何が決め手になったんですか？

高　やっぱりきちんと「結婚してください」と言ってくれたことですかね。あと、昔、誰から聞いたか覚えてないんですけど、結婚してなくて、子供を育てなかったら、死んだ後に苦労するって言われたんです。それが、ずっと引っかかっていたんです。死んでから苦労はしたくはないから、結婚だけは1回しておこうと。

久　結婚してなくて、子供育ててないと……。それ、まんま私じゃん！　どうして私にそのバトンを渡すんですか！　完全に今、バトンを渡されたじゃないですか（笑）。

高　久本さんは、私の何十倍もお仕事でさまざまな経験も苦労もされているから、死んでから苦労することはありませんよ〜。

久　ハハハ。ひとみさんって、面白いね。漫画『あしたのジョー』に出てくる丹下段平に似ているって自分で言うところも、本当好き。

高　主人も似ているって言うんですよ〜。私は、主人は鳥のハシビロコウにそっくりと言い返しているんですけどね（笑）。

結婚後は、〝慣れ〟が上手くいく秘訣

久　結婚生活はどうですか？　ひとりのときと何か変わったことってある？

高　安心感があるかな。コロナ禍でひとりじゃないというのは、やっぱり心強かったです。あと、なんでもやってくれるんですよ。ゴミ出しにアイロンがけ。私がやることなくなっちゃうぐらい。料理だけは鍋ぐらいしかできないんですけど、他はパーフェクト！

久　まさに私の理想だわ。自立している人が好きだから。欲を言えば、料理できる人がいいんですけど。

高　そうなの。これで料理もできたらいいんだけど。

久　これ以上贅沢なこと言っているんじゃないわよ～。ハンサムでしょ、安心感あるでしょ、なんでもやってくれるでしょ。他にいいなと思うことは？

高　話し相手が家にいるのが大きいですね。仕事の話もするんですが、全然違う業種なので自分が知らない世界のことや、世の中のことがわかるのもいいなぁって。

久 この本にも書いたけど、以前、芳村真理さんと対談させていただいたときに、真理さんに「結婚ってやっぱりいいですか？」と聞いたら、「久本さんね、男脳と女脳は違うわけだから。男性の考え方も面白くていいわよ」と言われたんです。ああ、そうだよねって思って。女性同士で話していると、「わかる、わかる」と共感しながらお互いテンション上がってすっきりするよね。でも、男性だと「こんな考え方もあるんだ」と刺激を受けたり、ぱーっと扉が開いたりするじゃない。そういうのって素敵なことだと思う。話し相手になってくれて、自分が知らないこととか、学ぶことがあって面白いというのは、私も理想とするところですね。

高 確かに、彼は私よりも良識があるし、話していて刺激をもらうってことはありますね。

久 旦那さんの前で聞きづらいんですけど、逆に「結婚って面倒くさいな」と思うことはありますか？　いびきがうるさいとか？

高 それが彼はすごく静かに寝るんです。それもよかったな。でも、ずっと裾を気にしていることはどうかなと。パンツの丈の長さをつねに気にしているの（笑）。あとはこの靴だとあそ

こまでしか行けないとか言うこと。

久　おしゃれさんゆえに、いろいろなこだわりがあるんだ。いびきがうるさくないということは、寝室は一緒？

高　一緒です。一つのベッドで寝ています。この年だから、何があるかわからないでしょ。寝ている間に病気になっているかもしれないし、なんかあったらすぐに気づいてほしいなって。

久　いいな〜。私、明け方に足がつっただけでも、泣きそうになりますから。「あ、いたたたたた」って言いながら、誰かこの痛みを「大丈夫だよ」って言ってくれる人はいないのかなって思いますもん。私の理想は同じ寝室で、一人ひとり別のベッドで並んで寝ること。それなら、布団を全部もっていかれることもないなって。

高　確かに、起きたら布団がかかってないこと、ありますね。

久　そういうの、ムカつきません？

高　慣れ慣れ（笑）。

久　慣れといえば、独身の頃って自分だけの空間があったじゃないですか。好きなときにテレビを見て、お風呂に入って、寝てっていう。この瞬間がやめられなくて、独身を引きずっているんですけど。そういうのも慣れるもの？

高　ええ、慣れますね。それに、私の場合はお仕事でロケとか舞台で地方に行ったりとか、海外に行ったりとかできるので。そのときにひとりになれて息抜きできるんです。夫はいつも一緒にいたがるので、「自分ばっかりいいな〜」と言われるんですけど。

久　かわいい〜。旦那さんはつねに一緒がいいんだ。今日は疲れたな、ぼーっとしたいなと思って帰ったときに、「ああ、いるな」というふうにはならない？

高　最初はありましたけど、やっぱり慣れますよ。犬のほうが彼との生活に慣れるまで苦労があったかな。それに久本さんの場合は自分の部屋があるから、いざとなればそこに籠もれるじゃないですか。うちはひとりの部屋がないから、慣れるしかないんです。

久　あ〜、そんなふうに慣れてみたいもんだわ〜。もう気を遣ったりしないの？

高　気は遣わないですね。だけど、夫は「ただいま」と「おかえり」は絶対に言わないといけない人で、私が「ただいま」と言うまで「おかえり」を言い続けるから、「わかったよ！　た・だ・い・ま！」と返します。

久　なにそれ、超いい‼　こっちなんて出迎えてくれるのは、セコムの「オカエリナサイ」なんだから……。それにしてもラブラブなんだね。

高　8年目なので少し薄れましたよ。

相手を寛大に受け止められる大人婚

久　新婚のときからだいぶ夫婦の在り方も変わってきたんだ？

高　前はずっと手をつないでいたんですけど、（旦那さんに向けて）今は全然つながなくなったよね？

久　旦那さんは、恥ずかしくなってきたんじゃないですか？「いい年してって思われたらどうしよう」とか（旦那さん：「うんうん」とうなずく）。やっぱりそういうことだよね。でもさ、世代的にチャーミーグリーンのＣＭじゃないけど、年月を経ても手をつないでいる姿を見たら、こっちまで幸せな気持ちになるよね。

高　そうそうそう！　チャーミーグリーンは理想です。

久　旦那さん、恥ずかしがらないで、手をつないだほうがいいですよ。美男美女なんだから。みんな、「うわ、すげえ、映画みたい」って素直に受け止めますよ（旦那さん：深くうなずく）。ちなみに、仲良く暮らす秘訣はあるんですか？

高　犬のももえが、かすがいになってくれていますね。足が悪くなったももえを車に乗せて3人で散歩に出かけます。あとは、ずっと一緒にいられるといいなとは思いますけど、嫌いになってまで一緒にいたくないので、嫌になったらいつでも「ポイしていいよ」ってお互いに決めているんです。いつでもその覚悟はもっていたいなと。

久　いい意味で緊張感をもってことですよね。「ポイ」されないために、自分を磨き続けて魅力を維持していこうということですもんね。理想的な夫婦じゃないですか。

高　理想か……。ただ、独身の頃にはどんな人が理想なのかよく聞かれたんですけど、結局全く違う人と結婚しましたね。久本さんも結婚されるときは理想と全然違う人だったりするんじゃないかなぁ。

久　それ、なんとなくわかります。ちなみに、結婚前のひとみさんの理想ってどんな人だったんですか？

高　スポーツができるアクティブな人。私がぐうたらだから、夏は海に行こうよ、冬はスキーに行こうよとか、無理やりにでも引っ張っていってくれる人がいいなと。でも、夫はアクティブなほうじゃないから、ふたりしてどんよりしちゃっています（笑）。

久　どんよりって（笑）。でも、それがいいんでしょうね。若いときはとにかく刺激的な人を求める。自分が触発されて、仕事にも活かせて、パワーまでもらえるような人に惹かれるけど、年をとると時の流れがゆったりしてくるから、同じようにゆったり過ごせる人がよくなってくるんですよね。私がカリカリしても笑っているような、包容力がある大人がいいと思っちゃう。

高　主人はまさにそんな感じです。

久　ひとみさんの結婚生活は、聞いていて天国ですね！　あ〜、ひとみさんは幸せな結婚生活を現世で送っているのに、なんで独身の私は死んでからも苦労しなきゃいけないんだろう。神様って残酷!!

高　根拠のない話ですから（笑）。

久　でも本当に、50代以降の結婚ならば、ひとみさんの旦那さんみたいな穏やかな人が最高だと思う。

高　そうですね。年を重ねての結婚は、ある程度、人生経験を重ねてこだわりがなくなっているから、若いときだったら許せなかったことも平気になっていたのがよかったのかもしれません。

久　若い頃は、自分の理想と違ったらもうダメって、欠点だけ見がちだもんね。ダメなところもしょうがないよねって目をつぶれるのは、大人婚ならではなんでしょうね。

高　それと、50年間独身でいたから自由に好き勝手やってきたんですけど、ふたりとも過去は過去と受け入れて、わかりあえるのもよかったなと思います。

久　なるほどね。それも大人婚に大切なポイントかも。

高　だけど私、好き勝手やっていたとはいえ、30代の頃、ほとんど恋をしてなかったんです。今思えばもったいなかったなと思います……。

久　いいじゃない。こんな素敵なご主人と、今最高に幸せな生活を送っているんだから、待った甲斐がありましたよ。冬は必ず春となる、だね。よーっしゃ、私も頑張るわ。勇気が出てきた。私にも待てばいい人が現れると信じている！

高　久本さんがどんな方と結婚されるか、すっごく楽しみです！

久　私が一番楽しみだわ！　ハハハ。それにしてもひとみさんは、相変わらずきれいでかわいくて面白くて。大人婚して幸せに暮らしているのも納得でした。私がこの先、結婚したら、ぜひ、また先輩として、いろいろ教えてくださいね。

装丁／bookwall
装画・イラスト／史緒
写真／大庭元
編集協力／宇治有美子
企画協力／平間淳・村上文世（WAHAHA本舗）

久本雅美（ヒサモト マサミ）

1958年7月9日生まれ、大阪府出身。劇団東京ヴォードヴィルショーを経て、1984年に演出家の喰始、柴田理恵らと劇団『WAHAHA本舗』を結成する。軽妙なトークで人気を博し、「秘密のケンミンSHOW極」「ヒルナンデス！」（ともに日本テレビ系）など数多くのバラエティ番組やドラマに出演。

みんな、本当はおひとりさま

2021年11月25日　第1刷発行
2022年 1 月20日　第3刷発行

著　者　久本雅美
発行人　見城 徹
編集人　森下康樹
編集者　山口奈緒子

発行所　株式会社 幻冬舎

〒151-0051　東京都渋谷区千駄ヶ谷4-9-7
電話　03(5411)6211（編集）
　　　03(5411)6222（営業）
振替　00120-8-767643

印刷・製本所　中央精版印刷株式会社

検印廃止

ISBN978-4-344-03868-4　C0095
幻冬舎ホームページアドレス　https://www.gentosha.co.jp/

この本に関するご意見・ご感想をメールでお寄せいただく場合は、
comment@gentosha.co.jpまで。

JASRAC 出 2109083-101